LA MANERA SIMPLE DE APRENDER INGLÉS

2

CARLOS SOARES

Todos los derechos reservados.

Copyright © 2018 por Carles Soares

Ninguna parte de este libro puede reproducirse o transmitirse de ninguna forma ni por ningún medio, ya sea electrónico o mecánico, incluida la fotocopia, la grabación o cualquier sistema de almacenamiento y recuperación de información, sin el permiso por escrito del editor.

Esta edición contiene el texto completo

de la edición original de tapa dura.

NINGUNA PALABRA HA SIDO OMITIDA.

LA MANERA SIMPLE DE APRENDER INGLÉS 2

Un libro de Bad Creative / publicado por

acuerdo con el autor

HISTORIA DE PUBLICACIÓN BAD CREATIVE

The Simple Way To Learn French publicado en marzo de 2016

The Simple Way To Learn French 2, publicado en marzo de 2017

SIGUIENTE TRABAJO

The Simple Way To Learn Chinese, 2018

ISBN - 9781726831512

Vol. 1   Vol. 2

TAMBIÉN DISPONIBLE EN FORMATOS:
- AUDIO
- HARDCOVER
- LIBRO ELECTRONICO

Para actualizaciones sobre el próximo libro, o si simplemente desea discutir este, vea

Datos de contacto

SOCIAL

#LaManeraSimple #AprenderInglés #BadCreativ3

CONTENIDO

CAPÍTULO 1 - VERBOS - INFINITIVO

VERBOS - PLURAL PERFECTO

VERBOS - GERUND / FUTURO

VERBOS - SUBJUNTIVO ACTUAL

VERBOS - CONDICIONAL

VERBOS - CONDICIONES ANTERIORES

VERBOS - SUBJUNTIVO PASADO

CAPÍTULO 2 - VOCES PASIVAS

CAPÍTULO 3 - PREPOSICIONES

CAPÍTULO 4 - RESUMEN

CAPÍTULO 5 - NATURALEZA

CAPÍTULO 6 - MATERIALES

CAPÍTULO 7 - LAS ARTES

CAPÍTULO 8 - MEDIDAS

CAPÍTULO 9 - MÉDICO

CAPÍTULO 10 - POLÍTICA

CAPÍTULO 11 - EDUCACIÓN

CAPÍTULO 12 - IMPERATIVOS

CAPÍTULO 13 - LA CIENCIA

CAPÍTULO 14 - TRANSPORTE

CAPÍTULO 15 - ECONOMÍA

CAPÍTULO 16 - DEPORTES

CAPÍTULO 17 - ESPIRITUALIDAD

CAPÍTULO 18 - VUELO

CAPÍTULO 19 - IDIOMAS

PREFACIO

En el libro uno, establecimos la idea de que el lenguaje es un aspecto esencial de la condición humana y le brindamos los conceptos básicos para aprender algo de ingles conversacional. En el libro dos, ampliamos esto al presentarle otros aspectos de la gramática que pueden no haber sido cubiertos previamente.

Una vez más, nos encontramos haciendo preguntas como "¿Dónde puedo comprar algunas empanadas?" "¿Quién es el nuevo presidente de España?" O "¿Cuánto pagamos para ver un juego en el Camp Nou?" Es posible que no tengamos las respuestas, pero podemos ayudarlo a hacer las preguntas de la manera más sencilla.

Al igual que su predecesor, este libro contiene un léxico de algunas de las palabras más utilizadas en la conversación diaria en inglés. Hace uso de las antiguas técnicas de aprendizaje de repetición y memorización de memoria, para condicionar el cerebro para aprender inglés lo más rápido posible. Además, se ha incluido una característica auxiliar llamada modo historia para ayudar al lector en una prueba de comprensión.

Finalmente, se debe tener en cuenta que si bien este libro ayudará en el reconocimiento visual y la comprensión de las palabras en el idioma inglés, los estudiantes también deben comprender sus pronunciaciones adecuadas. Para ayudar con esto, hay un audiolibro que estará disponible para habilitar las lecciones de escucha.

Y así, desde la hermosa ciudad de Madrid, la ciudad del amor y todo lo que está de moda, les presentamos <u>La Manera Simple de Aprender Inglés 2</u>.

COMO USAR ESTE LIBRO

1. Esta línea es la línea de entrenamiento (o T-Line si lo prefiere)

TIEMPO DE ENTRENAMIENTO

Esto representa el final de un conjunto de 25 palabras para memorizar.

2. Se requiere que cubra el lado derecho del libro e intente traducir el lado izquierdo manualmente.
3. Cada traducción correcta tiene 1 punto. Las palabras después de la línea T que no son hasta 25, se pueden considerar como bonificaciones.
4. No pases al siguiente lote hasta que hayas anotado veinticinco puntos.
5. Los modos de historia están diseñados para ayudarlo a comprender el uso de palabras en oraciones, así que asegúrese de obtener un puntaje alto en el entrenamiento para comprender completamente las historias.

Ahora que sabes las reglas, Empecemos.

Capítulo 1

VERBOS – INFINITIVO

Palabras claves: Predict, push, know, build, avoid, judge, enter, decrease.

Le gusta construir cosas	He likes to build things
Es difícil de predecir	It is difficult to predict
Yo evitaré eso	I am going to prevent that
Es mejor evitar esa área	It is better to avoid that zone
Ella quiere conocerme	She wants to meet me
Gracias por no empujar	Thanks for not pushing
Me siento mal como puedes ver	I feel bad as you can see
Por supuesto, hubo movimientos peligrosos para evitar	Often, there were dangerous movements to avoid
Cultivan frutas y verduras	They grow fruit and vegetables
Después de un mes, pude ver un progreso real	After one month, I could observe real progress
Me gusta planificar comidas	I like to plan meals
No tengo tiempo para conocerte	I do not have time to meet you

Para evitar después de las comidas	To be avoided after meals
No puedo moverme más	I cannot move anymore
Puedes entrar	You can enter
No puedes salir	You cannot go out
Tengo que enviar cartas	I have to send out letters
Resolveré el problema	I am going to resolve the problem
Esto es difícil de disminuir	This is hard to decrease
¿Quién es él para juzgarme?	Who is he to judge me?
Ella va a llenar su sombrero con manzanas	She is going to fill her hat with apples
Ella estaba a punto de irse	She was about to go out
Puedo pasar?	May I come in?
No, solucionemos esto	No, we are going to resolve this
No puedes moverte	You cannot move

TIEMPO DE ENTRENAMIENTO

Tengo una pequeña maleta para llenar	I have a small suit case to fill
Puedes entrar	You can enter
Todavía es demasiado	It is still too soon to judge

pronto para juzgar	
Ella va a proteger a su marido	She is going to protect her husband
Me gusta ejercitarme	I like to exercise
Tu tienes que decidir	You have to decide
No puedo soportarlo más	I cannot stand it anymore
Difícil de rechazar	Hard to refuse
Ella no me dio tiempo para pensar	She did not give me time to think
Tengo que adelantar mi reloj por cinco minutos	I have to set my watch ahead by five minutes
¿Cuánto tiempo para reemplazar el espejo?	How much time to replace the mirror?
No puedo decidir hoy	I cannot decide today
No soporto este ruido	I cannot stand this noise
Ella va a proteger a su bebé	She is going to protect her baby
No quiero soportar ese ruido	I do not want to put up with that noise
Es difícil de describir	It is hard to describe
Ellos van a cerrar la ventana	They are going to close the window
Puedes levantarte	You can get up

Este archivo debe ser verificado	This file needs to be verified
Será fácil de organizar	It will be easy to organize
Voy a verificar eso	I am going to check that
Ellos van a cerrar el restaurante	They are going to close the restaurant
Eso no va a ser fácil de organizar	That is not going to be easy to organize

TIEMPO DE ENTRENAMIENTO

No puedo describir esta lámpara	I cannot describe this lamp
Vas a romper la ventana	You are going to break the window
Vas a inspeccionar este auto	You are going to inspect this car
No quiero rendirme	I do not want to give up
quiero decirte todo	I want to tell you everything
Creo que va a tener éxito	I think he is going to succeed
Tienes que citar a este autor	You have to cite this author
Van a apoyar tus esfuerzos	They are going to support your efforts
Es inútil hablar con ella	It is useless to talk with her
Le gusta contar historias divertidas	He likes to tell funny stories

Su hijo está seguro de tener éxito	Her son is sure to succeed
A veces es difícil controlar nuestros sentimientos	It is sometimes hard to control our feelings
Lo siento, no puedo apoyarte más	Sorry, I cannot support you anymore
Tienen que abandonar la ciudad	They have to abandon the city
Quieren adoptar un bebé	They want to adopt a baby
Él tiene que gastar menos	He has to spend less
Estoy listo para empezar	I am ready to start
Voy a ir contigo	I am going to go with you
Lo siento, tengo que usar el teléfono	Sorry, I have to use the phone
Tenemos que contactar a nuestros clientes	We have to contact our customers
Esto es difícil de completar	This is difficult to complete
El carro no quiere comenzar	The car does not want to start
Hemos decidido adoptar tu idea	We have decided to adopt your idea
Lo siento, tengo que hacer una llamada telefónica	Sorry, I have to make a phone call

Acabo de terminar una carta	I just finished a letter

TIEMPO DE ENTRENAMIENTO

Para arrancar el carro	To start the car
¿Cuánto quiere gastar?	How much does he want to spend?
Quieren adoptar un bebé	They want to adopt a baby
Puedes contactarme si tienes un problema	You can contact me if you have a problem
No me gusta usar el teléfono	I do not like to use the phone
Quiero gastar menos	I want to spend less
Sin decirle a nadie?	Without telling anyone?
Me gusta pasear a mi perro	I like to walk my dog
Ellos pueden regresar a Francia	They can return to France
No tengo nada que esconder	I have nothing to hide
Puedo aceptar el auto	I can accept the car
Usted dividirá la torta en cuatro	You will divide the cake into four
No puedo aceptar este trabajo	I cannot accept this work
Voy a advertir a tu padre	I am going to warn your father

Me gusta esconderme	I like to hide
Puedes dar la vuelta ahora	You can turn around now
Vengo a compartir este momento contigo	I am coming to share this moment with you
Ella va a aceptar	She is going to accept
Ella va a defender a su marido	She is going to defend her husband
Continuarás comiendo	You will continue eating
Él va a comenzar pronto	He is going to start soon
Puedo prestarte mi auto	I can lend you my car
Un pequeño robot viene a salvarlos	A little robot comes to save them
Quiero tomar prestado este libro	I want to borrow this book
Eso puede comenzar ahora	That can start now

TIEMPO DE ENTRENAMIENTO

¡Tenemos que continuar!	We have to continue!
Vengo a salvar a tu gato	I am coming to save your cat
Queremos proteger a los animales	We want to protect the animals
¿Puedes prestarme tu pluma?	Can you lend me your pen?

Creo que he leído eso	I think I have read that
Tengo que regresar antes de la medianoche	I have to come back before midnight
No estoy seguro de que me haya gustado su idea	I am not sure I liked his idea
¿Crees que has terminado a tiempo?	Do you think you have finished in time?
Él parece haber terminado su trabajo	He seems to have finished his work
Mi madre dijo que le gustaba su presente	My mother said she liked her present
Él no puede haber leído este libro	He cannot have read this book
Dicen que se casaron el año pasado	They say they got married last year
Estamos felices de haber venido	We are happy that we came
Voy a verificar esos documentos	I am going to check those documents

MODO HISTORIA

ENGLISH

Michelle: "Why do you have to leave? I'm going to miss you a lot."

Niko: "I'm going to miss you too, but there's no need to worry because we'll always be together, no matter where I go, I'll skype you every week."

Michelle: "My birthday is coming soon, and I'm not sure If I can be without you, I want to share this moment with you, my love, I'll ask for a transfer as soon as possible."

Niko: "No problem my love, but the distance between here and my new school is very far."

Michelle: "Do you intend to replace me so soon?"

Niko: "Of course not, how can I?"

Michelle: "So let me be the judge of distance, because my heart is really connected to yours now."

Niko: "It's good, you can come, but be sure to divide the cake into four parts, because I'm going to have two roommates at my new destination."

SPANISH

Michelle: "¿Por qué tienes que irte? Te voy a extrañar mucho".

Niko: "Te voy a extrañar también, "pero no hay necesidad de preocuparse porque siempre vamos a estar juntos, no importa a donde vaya, te llamaré cada semana".

Michelle: "Mi cumpleaños llegará pronto, y no estoy seguro si puedo estar sin ti, quiero compartir este momento contigo, mi amor, pediré una transferencia lo más pronto posible".

Niko: "Te voy a extrañar también, pero no hay necesidad de "No hay problema, mi amor, pero la distancia entre aquí y mi nueva escuela está muy lejos".

Michelle: "¿Piensas reemplazarme tan pronto?"

Niko: "Te voy a extrañar también, pero no hay necesidad de "Por supuesto que no, ¿cómo puedo?"

Michelle: "Déjame ser el juez de la distancia, porque mi corazón está realmente conectado con el tuyo ahora".

Niko: "Te voy a extrañar también, pero no hay necesidad de "Está bien, puedes venir, pero asegúrate de dividir el pastel en cuatro partes, porque voy a tener dos compañeros de cuarto en mi nuevo destino".

VERBOS - PLURAL PERFECTO

Palabras claves: Past, added, used, accepted.

Yo había agregado leche	I had added milk
Yo había conocido a su primo	I had known her cousin
Usted había aceptado eso	You had accepted that
Los objetos que había usado	The objects that he had used
Ella me había ofrecido té	She had offered me tea
¿Qué resultados tuvo ella?	What results had she got?
Lo habíamos aceptado	We had accepted it
Ellos habían agregado su nombre	They had added his name
Estos son los documentos que has obtenido	These are the documents that you had obtained
Ella había conocido a su tío	She had known her uncle
Habíamos regresado a Francia	We had returned to France
Llamé al doctor	I had called the doctor
Más tarde, habías venido	Later, you had come
Yo había pasado por aquí	I had passed by here

Ella había guardado silencio	She had kept quiet
Este es el adolescente que habíamos llamado	This is the teenager that we had called
Ella había pasado frente a la panadería	She had passed in front of the bakery
Habían regresado a su país	They had returned to their country
Habían pasado por nuestro lugar	They had dropped by our place

TIEMPO DE ENTRENAMIENTO

MODO HISTORIA

ENGLISH

Boss: "I wrote a letter yesterday, if only you had been there, you would have seen it."

Paco: "Once Mrs. Carew offered me tea, it meant I had to listen to one of her terribly long stories, so I left the building at the slightest opportunity."

Boss: "That's right, I guess ... Once she's started, you can never stop her ... Anyway, how are you?" I noticed that you keep going early and late in recent days."

Paco: "All is well sir, I just passed the Simpleway certification exams, with the translation work I have to do here, I only had time at the beginning and end of the shifts to study."

Boss: "Splendid, you know, that's another good idea that you brought to this company, if I knew earlier, I would have given you more free time, it's a useful certification, and must add this publishing house."

Paco: "I'm honored sir, so am I going to have a salary increase for that?"

Boss: "No, not yet, but it's coming soon, rest assured."

SPANISH

Jefe: "Escribí una carta ayer, si solo hubieras estado allí, la hubieras visto".

Paco: "Una vez que la Senora. Carew me ofreció té, eso significaba que tenía que escuchar una de sus historias terriblemente largas, así que dejé el edificio a la menor oportunidad".

Jefe: "Así es, supongo ... Una vez que comienza, nunca puedes detenerla ... De todos modos, ¿cómo estás?" Me di cuenta de que sigues yendo temprano y tarde en los últimos días".

Paco: "Todo está bien señor, acabo de aprobar los exámenes de certificación de Simpleway, con el trabajo de traducción que tengo que hacer aquí, solo tuve tiempo al principio y al final de los turnos para estudiar".

Jefe: "Espléndido, ya sabes, esa es otra buena idea que trajiste a esta compañía, si lo hubiera sabido antes, te hubiera dado más tiempo libre, es una certificación útil, y debes agregar esta editorial".

Paco: "Me siento honrado señor, ¿entonces voy a tener un aumento salarial por eso?"

Jefe: "No, todavía no, pero llegará pronto, puede estar seguro".

VERBOS - GERUND / FUTURO

Palabras claves: Rest, saying, acting.

Él nos va a matar al actuar así	He is going to kill us by acting like that
Cuando era niño, era bastante delgado	As a child, he was rather slim
Se fue diciendo cosas bonitas	He left saying nice things
Al hacerlo, las personas usan menos agua	In doing so, people use less water
No se puede vivir temeroso de morir	One cannot live while being afraid of dying
Dicho esto, tienes razón	That being said, you are right
Las personas fueron más efectivas actuando juntas	People were more effective by acting together
Dada tu condición, necesitas un poco de descanso	Given your condition, you need some rest
Al decir eso, puedes ganar su confianza	By saying that, you may gain their trust
No seré libre mañana	I will not be free tomorrow
Será bueno mañana	It will be nice tomorrow
No habrá nada que ver	There will be nothing to see

Ellos podrán beber	**They will be able to drink**
Entonces tendré que hacer una elección	**So I will have to make a choice**
Serás diez en dos meses	**You will be ten in two months**
Se le permitirá dormir en mi casa	**He will be allowed to sleep at my place**
Estarán muy felices	**They will be very happy**

TIEMPO DE ENTRENAMIENTO

MODO HISTORIA

ENGLISH

"Are you having fun?" asked the park guide.

"Being here has always been on my list of things to do, so of course I am. For me, the action is always better than what is said, so I will show what I feel with a backflip." said Johnny Monfils.

Johnny's breathing was hard after the flips. He had not exercised for a long time, and that had an obvious effect on him.

"We at Simpleland, Paris, are happy to be part of your joy, sir, how can we help you?" The guide replied, while squeezing both hands together.

"Well, making a movie and skydiving are also at the top of the list." said Johnny.

"Parachuting is pretty risky, but where I come from, we have a saying,'We can not live when we are afraid of death.'" "Maybe our mountain experience is a good substitute for the fun you're looking for." said the guide.

"That will do for now. Where is it?" Johnny asked.

"There in the west, sir." the guide pointed.

- oo O oo –

Barrister Livwell: "These are the conditions of your parole, as delivered by Justice Bennett."

1. "You will still need to have this anklet on you, so we can track your movements during the parole period."

2. "You will not, or will attempt to do anything that could constitute a public nuisance, within the time limit of your parole."

3. "You will return to the perimeter of the assigned premises at the time prescribed by your Parole Officer."

4. "Any violation of the aforementioned rules means that we will have to revoke your bond, and you will be sent back to prison."

Barrister Livwell: "Are the terms clear to you?"

Antonio: "Yes sir, understood."

Barrister Livwell: "Good. Now try to stay out of trouble."

SPANISH

"¿Te estás divirtiendo?", Preguntó la guía del parque.

"Estar aquí siempre ha estado en mi lista de cosas que hacer, así que por supuesto que sí. Para mí, la acción siempre es mejor de lo que se dice, así que mostraré lo que siento con un backflip", dijo Johnny Monfils.

La respiración de Johnny fue dura después de los volteos. No había hecho ejercicio durante mucho tiempo, y eso tuvo un efecto obvio en él.

"Nosotros, en Simpleland, París, estamos felices de ser parte de su alegría, señor, ¿cómo podemos ayudarlo?", Replicó la guía, mientras apretaba ambas manos.

"Bueno, hacer una película y paracaidismo también están en la parte superior de la lista", dijo Johnny.

"El paracaidismo es bastante arriesgado, pero de donde vengo, tenemos un dicho, 'No podemos vivir cuando tememos a la muerte'. "Tal vez nuestra experiencia en la montaña es un buen sustituto de la diversión que estás buscando". dijo la guía.

"Eso hará por ahora. ¿Dónde está?" Preguntó Johnny.

"Hay en el oeste, señor". la guía señaló.

- oo O oo –

Barrister Livwell : "Estos son los términos de su libertad condicional, entregados por el juez Bennett".

1. "Todavía necesitarás tener esta tobillera contigo, así podremos rastrear tus movimientos durante el período de prueba".

2. "No hará ni intentará hacer nada que pueda constituir una molestia pública, dentro del límite de tiempo de su libertad condicional".

3. "Volverá al perímetro de las instalaciones asignadas en el momento que le indique su oficial de libertad condicional".

4. "Cualquier violación de las reglas antes mencionadas significa que tendremos que revocar su fianza, y usted será enviado de regreso a prisión".

Barrister Livwell : "¿Los términos son claros para usted?"

Antonio : "Sí, señor, entendido".

Barrister Livwell : "Bueno, ahora intenta mantenerte fuera de problemas".

VERBOS - SUBJUNTIVO ACTUAL

Palabras claves: Although, live, life, react.

Aunque	Even though
Es necesario que vean a mi hermana	It is necessary that they see my sister
Es bueno que estés aquí	It is good that you are here
Él es el único que necesita moverse	He is the only one who needs to move
Parece que ella no puede venir	It seems she is unable to come
No estoy seguro de que pueda ver los detalles desde la distancia	I am not sure that you can see details from a distance
Él tiene que ver a su hijo	He has to see his son
Quiero que sean mis amigos	I want them to be my friends
Ella es la única que tiene un auto	She is the only one who has a car
Estamos contentos de que él tiene un abogado	We are glad that he has a lawyer
Es necesario que vean a nuestro primo	It is necessary that they see our cousin
Viva España	Long Live Spain

Es necesario que cierre la ventana	It is necessary he close the window
Ellos necesitan ponerse serios	They need to get serious
No quiero que lo hagas	I do not want you to do it
Es extraño que ella diga eso	It is strange for her to say that
Es importante que ella viaje más	It is important that she travels more
Es importante que busque un trabajo	It is important that you look for a job
Es importante que ella viva	It is important that she live
No estoy seguro de que esté haciendo su trabajo	I'm not sure he's doing his job
Mamá quiere que cierres la ventana	Mom wants you to close the window
Me complace que viaje en esta temporada	I'm glad you're traveling this season
Lamento que estén cerrando la tienda	I'm sorry they're closing the store
Es bueno que estés viviendo aquí	It's good that you're living here

No queremos que reaccionen mal	We do not want them to react badly

TIEMPO DE ENTRENAMIENTO

Es una bolsa resistente para llevar tus libros	It is a sturdy bag for carrying your books
Él va a entrenar antes de que llegue el verano	He is going to train before the summer comes
Es necesario que ingrese rápidamente	It is necessary that he enter quickly
Aunque viajamos a menudo, nos gusta estar en casa	Although we travel often, we like to be at home
Es necesario que reaccione lo antes posible	It is necessary that he reacts as soon as possible
Aquí hay un poco de dinero para que compre pan	Here is a little money for you to buy bread

TIEMPO DE ENTRENAMIENTO

MODO HISTORIA

ENGLISH

Nelson: "Even though I often say no, I know it's difficult to find a job in this recession, so in the spirit of brotherhood, I'll leave money to buy food. But I will not always do so. And so you have to find a legal way to make ends meet, and be self-sufficient."

Lisa: "No problem big brother, thank you."

SPANISH

Nelson: "Aunque a menudo digo que no, sé que es difícil encontrar un trabajo en esta recesión, por lo que en un espíritu de hermandad, dejaré dinero para comprar comida, pero no siempre, y luego debes encontrar una forma legal de obtener hasta el final del mes y ser autosuficiente".

Lisa: "No hay problema, hermano mayor, gracias".

VERBOS - CONDICIONAL

Palabras claves: I could, I should.

Uno diría que él es rico	One would say that he is rich
Sin eso, estaría en lo cierto	Without it, I would be right
Deberías dormir, mi hijo	You should sleep, my son
Él sería un buen esposo	He would make a good husband
Deberíamos comer ahora	We should eat now
Creo que podríamos ser buenos amigos	I think that we could be good friends
¿Qué podrías hacer por amor?	What would you be able to do for love?
Debería irme a la cama	I should go to bed
Lo tendríamos	We would have it
Puede haber tres o cuatro de ellos	There might be three or four of them
Yo diría que tienes veinte años	I would say that you are twenty
Si tuviera buena salud, sería feliz	If I were in good health, I would be happy
Ningún otro hombre podría hacer mi trabajo	No other man could do my work
Mis amigos quisieran ir	My friends would like to go
Esa mujer iría a Francia	That woman would be going to France
me gustaría comer	I would like to eat

Ella quisiera dormir	She would like to sleep
No sabemos si a nuestra hija le gustaría esta idea	We don't know if our daughter would like this idea
Te gustaría ir	You would like to go
Me gustaría tomar leche	I would like to drink milk
Nos gustaría hablar inglés con tus estudiantes	We would like to speak English with your students
¿Te gustaría comer lo mismo?	Would you like to eat the same thing?
Niko y Paco quisieran ir a África	Niko and Paco would like to go to Africa
No soy un pájaro, pero me gustaría ser uno	I am not a bird, but I would like to be one
Hoy en día, seguramente iría a la cárcel.	Nowadays, she would certainly go to jail

TIEMPO DE ENTRENAMIENTO

MODO HISTORIA

ENGLISH

Mr. Laurent: "Young man, you look stressed, is everything okay?"

Young boy on the bridge: "I know; I would go so far as to say that I am depressed."

Mr. Laurent: "It's not good to hear, any reasons in particular?"

Young Boy: "That." he said, handing a brown envelope to Monsieur Laurent.

Mr. Laurent: "What is it?"

Young Boy: "A list of things I had hoped to accomplish at this stage of my life."

Mr. Laurent: "I see, how old are you?"

Young Boy: "Guess."

Mr. Laurent: "I would say that you are seventeen or eighteen years old."

Young Boy: "If you say seventeen, you would be right. I could read them out loud if you want to hear."

Mr. Laurent: "Of course, go ahead, I'm intrigued."

Young Boy: "Number one: At the age of eighteen, I would make a name for myself."

"Number 2. At the age of eighteen, I would go to France or a French-speaking country for a year."

"Number 3. At the age of eighteen, I would have made my first million."

That's it for now, my birthday is next week, and I'm still updating the list."

Mr. Laurent: "You are either a joker, or you worry unnecessarily: many of us have objectives that we will never reach in life. Many of us do not have a million or even a thousand."

Young Boy: "But most of the items on my list depend on number three."

Mr. Laurent: "Well, now that you know what to focus on, start working, things will be clearer and better, trust me."

Young Boy: "Thanks for the chat, I needed that."

SPANISH

Senor. Llorente : "Joven, parece estresado, ¿está todo bien?"

Chico joven en el puente : "Lo sé, iría tan lejos como para decir que estoy deprimido".

Senor. Llorente : "¿Alguna razón en particular?"

Chico : 'Eso', dijo, entregándole un sobre marrón a Senor. Llorente.

Senor. Llorente : "¿Qué es eso?"

Chico : "Una lista de cosas que esperaba lograr en esta etapa de mi vida".

Senor. Llorente : "Ya veo, ¿cuántos años tienes?"

Chico : "Adivina".

Senor. Llorente : "Yo diría que diecisiete o dieciocho".

Chico : "Si dices diecisiete, estarías en lo cierto. Podría leer la lista en voz alta si quieres".

Senor. Llorente : "Por supuesto, adelante, estoy intrigado".

Chico : "Número uno. A la edad de dieciocho años, me haría un nombre".

"Número 2. A la edad de dieciocho años, iría a España o un país de habla hispana por un año".

"Número 3. A la edad de dieciocho años, habría hecho mi primer millón".

Por ahora, mi cumpleaños es la próxima semana y todavía estoy actualizando la lista."

Senor. Llorente : "Usted es un bromista o se preocupa innecesariamente. Muchos de nosotros tenemos objetivos que nunca alcanzaremos en la vida, muchos de nosotros no tenemos un millón o incluso mil".

Chico : "Lo sé. Pero la mayoría de los elementos de mi lista realmente solo dependen del número tres".

Senor. Llorente : "Bueno, ahora que sabe en qué concentrarse, empiece a trabajar, las cosas serán más claras y mejores, créame".

Chico : "Gracias por el discurso, lo necesitaba".

VERBOS - CONDICIONES ANTERIORES

Palabras claves: Recognized, watched. stopped.

Él nos habría detenido	He would have stopped us
Hubieras ido al ayuntamiento	You would have gone to the city hall
No, esto hubiera sido peor	No, this would have been worse
Ella habría reconocido tu auto	She would have recognized your car
Hubiéramos ido juntos a la tienda	We would have gone to the store together
Hubiéramos estado listos	We would have been ready
Sin eso, te habríamos reconocido	Without that, we would have recognized you
Esas palabras habrían sido las últimas	Those words would have been my last
Estoy seguro de que habrías sido un muy buen médico	I am sure that you would have been a very good physician
Hubieras ido a la escuela del pueblo	You would have gone to

	the village school
Habrías pagado menos	You would have paid less
Ella habría enfatizado que	She would have emphasized that
Hubiera presentado un espectáculo	I would have presented a show
Habríamos visto televisión después de la escuela	We would have watched television after school
Él nos habría ofrecido una bebida	He'd have offered us a drink
Entonces ella te habría contado una historia	Then she would have told you a story

TIEMPO DE ENTRENAMIENTO

MODO HISTORIA

ENGLISH

Stranger 1: "I hate to say it, but I told you so.

I specifically insisted on the words 'do not look at him', he would have offered to buy us a drink, or you would have at least paid less."

Antonio: "I'm sorry, there is still time, we can still go back."

Stranger 1: "There is no reason to, they would have already looked at the tapes. You showed fear. You were not ready to become this person when it was most needed.

"It was a good thing that we stopped when we did, otherwise we would have suffered the consequences of being captured again."

Antonio: "Once again, I'm sorry."

SPANISH

Extraño 1 : "Odio decirlo, pero te lo dije.

Insistí específicamente en las palabras 'no lo mires', se habría ofrecido a comprarnos una bebida, o al menos habrías pagado menos".

Antonio : "Lo siento, todavía hay tiempo, todavía podemos regresar".

Extraño 1 : "No hay razón para eso, ya habrían mirado las cintas. Usted mostró miedo. No estabas listo para convertirte en esta persona cuando más se necesitaba".

"Fue bueno que paramos cuando lo hicimos, de lo contrario hubiéramos sufrido las consecuencias de ser capturados nuevamente".

Antonio : "Una vez más, lo siento".

VERBOS - SUBJUNTIVO PASADO

Palabras claves: Eaten, too, had, lost.

Estamos felices de que hayas cruzado la frontera	We are happy that you have crossed the border
No creo que haya preparado esta etapa	I do not think she prepared this stage
Parece que ella ha estado enferma	It seems like she has been sick
Es el vestido más hermoso que ella ha tenido	It is the most beautiful dress that she has had
Estos son los únicos hombres que han sido amables con nosotros	These are the only men that have been nice to us
Este es el hombre más guapo que he visto en mucho tiempo	This is the most handsome man I have seen in a long time
Lamento que te hayas perdido la reunión	I am sorry that you missed the meeting
No estoy seguro de que haya comido lo suficiente	I am not sure you have had enough to eat
No creo que Niko haya esperado demasiado	I do not think Niko waited too long
Parece que han sido más precisos	It seems that they have been more precise

Parece que ella ha estado enferma	It seems that she has been sick
Es genial que hayas ido a París	It is great that you have gone to Paris
Nos gusta la idea de que ella fue al museo	We like the idea that she went to the museum
Es bueno que hayamos ido al zoológico	It is good that we have gone to the zoo
¿Es posible que el esposo volviera antes que su esposa?	Is it possible that the husband returned before his wife?
No entendí que mi sobrina se había quedado en el jardín	I did not understand that my niece had stayed in the garden
Su madre tiene miedo de haber salido sin sus abrigos	Their mother is afraid that they have gone out without their coats
Mamá estaba feliz de que hubiéramos regresado tan temprano	Mom was happy that we had returned so early
Era mejor para ella haber muerto en casa	It was better for her to have died at home
Es lógico que hayas ido primero	It is logical that you have gone first

TIEMPO DE ENTRENAMIENTO

Dudaba de que hubiera terminado su trabajo	I doubted that he had finished his work
estaba encantado cuando aceptaste la oferta	i was delighted when you accepted the offer
Estaba feliz cuando se fue	I was happy when he left
Estaba seguro de que él conduciría	I was sure that he would drive
Yo quería que viera el auto en la estación	I wanted him to see the car at the station

TIEMPO DE ENTRENAMIENTO

MODO HISTORIA

ENGLISH

"My God, what has happened here?" asked the detective.

"She died this morning, she was diabetic." Guillaime said.

He pointed a picture of the deceased on the wall.

"I thought she went to the doctor this week." said Detective Henry.

"Nobody really knows much, she just came in, she fell to the ground, and that was all. But it's possible that it was a bad diagnosis, it looked very serious.

Also, the family started a protest, destroying everything in sight, claiming we had not done enough. We could sue them, but the legal process would be long, and I'm not really interested."

"We will discuss it later. For now, we will find out more." said the detective.

SPANISH

"Dios mío, ¿qué ha pasado aquí?", Preguntó el detective.

"Murió esta mañana, era diabética", dijo Guillaime.

Señaló una imagen del difunto en la pared.

"Pensé que fue al médico esta semana", dijo el detective Henry.

"Nadie realmente sabe mucho, ella acaba de entrar, ella cayó al suelo, y eso fue todo. Pero es posible que fuera un mal diagnóstico, parecía muy serio.

Además, la familia comenzó una protesta, destruyendo todo lo que se veía, afirmando que no habíamos hecho lo suficiente. Podríamos demandarlos, pero el proceso legal sería largo, y no estoy realmente interesado".

"Lo discutiremos más tarde. Por ahora, descubriremos más", dijo el detective.

Capítulo 2

VOCES PASIVAS

Palabras claves: Adopted, done, respected, read.

Él es amado por su gente	He is loved by his people
Se hace por computadora	It is done by computer
¿Ha sido adoptado por ellos?	Has he been adopted by them?
El niño ha sido adoptado por mi tío y mi tía	The child has been adopted by my uncle and my aunt
Ella era amada por todos	She was loved by everybody
¿Tu cama estaba hecha?	Was your bed made?
El gato ha sido adoptado por gente agradable	The cat has been adopted by nice people
Él es adoptado por una pareja	He is adopted by a couple
Él es respetado por todos	He is respected by all
Ese documento fue leído por mi padre	That document was read by my father
La esposa es respetada por su marido	The wife is respected by her husband
Las viejas tradiciones	Old traditions

aún se respetaban	were still respected
El periódico es leído por un público amplio	The newspaper is read by a wide audience
El periódico es leído por muchas chicas	The newspaper is read by a lot of girls
El padre fue respetado por sus hijos	The father was respected by his children
Sus cartas fueron leídas por toda la familia	His letters were read by all the family

TIEMPO DE ENTRENAMIENTO

MODO HISTORIA

ENGLISH

Pietr: "Do not worry about the marking, everything is done by computer, just have a copy of your credentials. Once my virus reads the password of the registrar, we can change as much as possible."

Alex: "I really respect your hacking abilities."

Pietr: "Thanks, and if you like video games, we can play the new Adopted Suns game, or FIFA if you prefer. I have both, we can play all night if you wish."

Alex: "Can I ask something?"

Pietr: "Yes, of course."

Alex: "Why didn't we become friends earlier?"

Pietr: "I do not know either, my friend, but for now, all roads lead to the playground."

laughs shared

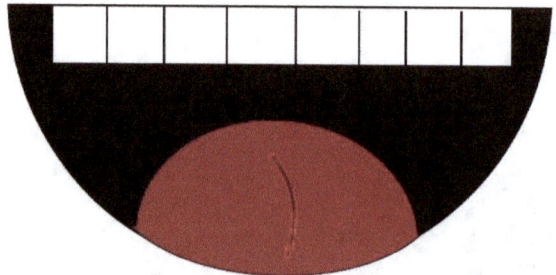

SPANISH

Pietr : "No se preocupe por marcar, todo se hace por computadora. Solo necesita una copia de sus credenciales. Una vez que mi virus lea la contraseña del registrador, podemos cambiar tanto como sea posible".

Alex : "Realmente respeto tus habilidades de pirateo".

Pietr : "Gracias, y si te gustan los videojuegos, podemos jugar el nuevo juego Adopted Suns, o FIFA si prefieres. Tengo ambos, y podemos jugar toda la noche si lo deseas".

Alex : "¿Puedo preguntar algo?"

Pietr : "Sí, por supuesto".

Alex : "¿Por qué no hicimos amigos antes?"

Pietr : "Yo tampoco sé, amigo mío, pero por ahora, todos los caminos conducen al patio de recreo".

Risa compartida

Capítulo 3

PREPOSICIONES

Palabras claves: Until, in the middle of, out of.

Hasta hace poco	Until recently
Estamos a tu lado	We are next to you
El puente está al lado de la torre	The bridge is next to the tower
Voy a ir a la casa de mi hija	I am going up to my daughter's house
Esto es por este lobo	This is because of this wolf
Ella está cerca de sus hijos	She is close to her children
Hasta aquí todo bien	So far, so good
El clima estuvo bien hasta el mediodía	The weather was fine until noon
Él no puede trabajar debido a la nieve	He cannot work because of the snow
Él vive al lado	He lives next door
El león come hasta la noche	The lion eats until night
En nuestra opinión, son malos	In our opinion, they are bad
Estoy frente a la panadería	I am in front of the bakery

¿Qué me estás diciendo?	What are you saying to me?
Encontró un ratón en el medio de su habitación	She found a mouse in the middle of her room
Hay una nueva compañía fuera de la ciudad	There is a new company outside the city
Tienes que estar cerca de tu madre	You have to be close to your mother
De acuerdo con mi esposa, sí	According to my wife, yes
Estoy leyendo una revista inglesa	I'm reading an English magazine
Los dos hermanos están jugando afuera de la casa	The two brothers are playing outside the house
Yo como mucha carne	I eat a lot of meat
Está más allá de mi fuerza	It is beyond my strength
Él camina por su habitación	He walks through his room

TIEMPO DE ENTRENAMIENTO

Está en la parte superior del edificio	It is on top of the building
¿Qué hay debajo de tu escritorio?	What is there under your desk?
Él bebe mucha cerveza	He drinks a lot of beer

El gato está al pie de la torre	The cat is at the foot of the tower
Llevo una chaqueta debajo de mi abrigo	I wear a jacket underneath my coat
Tengo muchos libros	I have a lot of books
Ella puso la llave sobre la caja	She put the key above the box
Ella ve a través de las cortinas	She sees through the drapes
Debes escribir tu nombre en la parte inferior de la página	You have to write your name at the bottom of the page

TIEMPO DE ENTRENAMIENTO

MODO HISTORIA

ENGLISH

Alex: "I do not know how I'm going to get by. Thanks to him, I could not get ready in time."

Lisa: "How about sitting by the window?"

Alex: "It's beyond me, I will not be able to see much."

Lisa: "And if you sit in front of her, next to the Asian?"

Alex: "It's as good as the examiner sitting on my head, and the Asian does not score as many points in the tests as the girl in blue."

Patrick: "You do not have to worry about anything, all exams can be passed if you have the right knowledge."

Alex: "What are you talking about?"

Patrick: "From what I've heard, the examiner does not oppose handkerchiefs, just write a few points on one and read them under your desk."

SPANISH

Alex : "No sé cómo me voy a preparar, gracias a él, no pude prepararme a tiempo".

Lisa : "¿Qué tal si te sientas al lado de la ventana?"

Alex : "Está demasiado lejos, no podré ver mucho".

Lisa : "¿Y si te sientas frente a él, al lado del asiático?"

Alex : "Es tan bueno como tener al examinador sentado en mi cabeza, y el asiático no anota tantos puntos en las pruebas como la chica de azul".

Patrick : "No tienes que preocuparte por nada, todos los exámenes se pueden aprobar si tienes el conocimiento correcto".

Alex : "¿De qué estás hablando?"

Patrick : "Por lo que he oído, el examinador no se opone a los pañuelos, solo escribe algunas notas en una y léelas debajo de tu escritorio".

Capítulo 4
RESUMEN

Palabras claves: Benefits, preparation, network, personality, shock, identity, duty, maximum, minimum.

La clave es la preparación	The key is preparation
Es un misterio	It is a mystery
La red es muy grande	The network is very big
Mi madre necesita descansar	My mother needs rest
Llegó con retraso	He arrived with delay
Cada palabra tiene su significado	Each word has its meaning
Es una mala pieza	It is a bad piece
lamento haber llegado tarde	I am sorry for being late
Es un viejo truco	It is an old trick
Él no tiene reacción	He has no reaction
Él tiene la responsabilidad	He bears responsibility
¿Cuáles son las ventajas?	What are the advantages?
La proposición es interesante	The proposition is interesting
La mezcla perfecta	The perfect mix
Quieren un aumento	They want a raise
El beneficio es poco	The benefit is little

Las reacciones del público son positivas	The public's reactions are positive
Es una mezcla de colores	It is a mix of colors
La conclusión	The conclusion
Ella no tiene personalidad	She has no personality
Su entrada es gratis	It's entry is free
Él está en shock	He is in shock
Es un medio de protección	It is a means of protection
Ese hombre tiene miedo al cambio	That man is afraid of change
Él finalmente pierde la prueba	He finally loses the trial

TIEMPO DE ENTRENAMIENTO

¿Por qué quieren esos cambios?	Why do they want those changes?
¡Qué pena!	What a pity!
Ese programa ya no existe	That programme does not exist any more
Es mi tarjeta de identidad	It is my identity card
Te gustan las reuniones	You like meetings
Ese es tu deber	That is your duty
Demain, c'est la derniere etape	Demain, c'est la derniere etape
Esa palabra es de origen francés	That word is of French origin

Esa reunión fue muy larga	That meeting was very long
Tengo mucha tarea que hacer	I have a lot of homework to do
El auto tiene mucho daño	The car has a lot of damage
Es un paso importante	It is an important step
La luz	The light
No tengo muchas opciones	I do not have many options
Tengo que verificar mi agenda	I have to check my schedule
Gracias por su invitación	Thanks for your invitation
No me ayudas	You do not help me
necesito un descanso	I need a break
Prefiero esta versión	I prefer this version
Me gusta esa opción	I like that option
Enciendo la luz	I turn on the light
Gracias por tu ayuda	Thank you for your help
Varias versiones existen	Several versions exist
Las luces son rojas	The lights are red
Necesito ayuda	I need help

TIEMPO DE ENTRENAMIENTO

Es una larga ausencia	It is a long absence
Mi nombre se puede	My name can be found in the list

encontrar en la lista	
¿Cuántas categorías?	How many categories?
Su padre tiene conexiones	His father has connections
Quiero dos niños como máximo	I want two children maximum
Trabajo un mínimo de ocho horas al día	I work a for a minimum of eight hours a day
Estoy en la misma categoría	I am in the same category
No sé nada sobre su relación	I do not know anything about their relationship
Estoy aquí para la conferencia	I am here for the conference
Ella recibió una buena educación	She received a good education
Ella llevó el caso a la corte	She has taken the case to court
Este hombre está en mal estado	This man is in bad shape

TIEMPO DE ENTRENAMIENTO
MODO HISTORIA

ENGLISH

Barrister Livwell: "What a pity, the news of his imprisonment shocked me. This program already existed for people with bad personalities, which means that I still have to watch him, even if he loses this case."

Stranger 1: "What are our options now?"

Barrister Livwell: "Fortunately for us, he has forged cordial relationships over the years with influential people from the Department of Education, some of whom are on the jury today, which means we can benefit from familiarity.

Although this is insignificant in the grand scheme of things, it is nevertheless an advantage, and we need all the little ones we can get. The lights are green for us in this case, and I think the good mix of factual evidence and compassion will take us somewhere."

Stranger 1: "It's good to hear."

Barrister Livwell: "We'll talk more after the break ... For now, let's go to the staff bar for some food."

Stranger 1: "Is it cheaper there?"

Barrister Livwell: "We have nothing to pay, admission is free on Thursdays."

SPANISH

Barrister Livwell : "Qué lástima, la noticia de su encarcelamiento me sorprendió. Este programa ya existía para personas con malas personalidades, lo que significa que aún tengo que vigilarlo, incluso si pierde este caso".

Forastero 1 : "¿Cuáles son nuestras opciones ahora?"

Barrister Livwell : "Afortunadamente para nosotros, ha forjado relaciones cordiales a lo largo de los años con personas influyentes del Departamento de Educación, algunas de las cuales forman parte del jurado hoy, lo que significa que podemos beneficiarnos de la familiaridad.

Aunque esto es insignificante en el gran esquema de las cosas, es sin embargo una ventaja, y necesitamos todos los pequeños que podamos obtener. Las luces son verdes para nosotros en este caso, y creo que la buena combinación de evidencia objetiva y compasión nos llevará a algún lado".

Forastero 1 : "Es bueno escucharlo".

Barrister Livwell : "Hablaremos más después del receso ... Por ahora, vamos al bar del personal para comer algo".

Forastero 1 : "¿Es más barato allí?"

Barrister Livwell : "No tenemos nada que pagar, la entrada es gratuita los jueves".

Capítulo 5

NATURALEZA

Palabras claves: Mountain, sun, fire, sky, sea, nature, air, forest, grass, moon, smoke.

Fuego	Fire
El sol	The sun
La planta	The plant
El viento	The wind
El elemento	The element
Un árbol	A tree
El sol está en el cielo	The sun is in the sky
Ella ve el mar	She sees the sea
La naturaleza es nuestra madre	Nature is our mother
Nuestra agua no está contaminada	Our water is not polluted
El aire es puro aquí	The air is pure here
La luz es roja	The light is red
El cielo es azul	The sky is blue
El mar es azul	The sea is blue
Me gustan sus flores	I like his flowers
Él duerme en el suelo	He sleeps on the ground
La especie ha desaparecido	The species has disappeared
Los campos son amarillos	The fields are yellow
Ben está en la ola	Ben is on the wave
Rosas	Roses
Nuestra hierba es verde	Our grass is green

El lobo está en el bosque	The wolf is in the forest
No me gusta la lluvia	I do not like rain
Veo la luna	I see the moon
Me gusta el calor	I like the heat
La lluvia es rara en ese país	Rain is rare in that country
Ella mira la montaña	She looks at the mountain

TIEMPO DE ENTRENAMIENTO

Los ríos	The rivers
Semillas	Seeds
El planeta	The planet
La nieve	The snow
¿Dónde está la cumbre?	Where is the summit?
El paisaje	The landscape
No es una estrella	It is not a star
El humo es blanco	The smoke is white
El rio es peligroso	The river is dangerous
El paisaje es maravilloso	The landscape is wonderful
Olía a humo	It smelled like smoke
El planeta está en peligro	The planet is in danger
El océano es azul	The ocean is blue
El lago es muy profundo	The lake is very deep
El clima es muy bueno	The climate is very nice
La nube es blanca	The cloud is white
Hay contaminación	There is pollution

MODO HISTORIA

ENGLISH

Mina: "Thanks for the flowers, I've been looking for this particular species everywhere."

Harriet: "Really, it's great because I brought enough for you to grow a forest."

Mina: "Unfortunately, it would be totally impossible to do here."

Harriet: "Why do you say that?"

Mina: "Personal experience. Plant species will never survive in this climate. There were okra seeds I bought last year, six months later, none of them survived."

Harriet: "It's unfortunate."

Mina: "Yes, and it's like that for several reasons: first, it's almost always raining, so this place is ridiculously cold all year long ... Secondly, the soil is just not good enough."

Harriet: "So why do you choose to live in such an environment?"

Mina: "The air is cleaner, with less traffic and industrial activity. When it stops raining, the birds whisper softly in the morning through my window and build nests with beautiful eggs inside."

Harriet: "I see."

SPANISH

Mina : "Gracias por las flores, he estado buscando esta especie en particular en todas partes".

Harriet : "De verdad, es genial porque traje suficiente para cultivar un bosque".

Mina : "Desafortunadamente, sería totalmente imposible hacerlo aquí".

Harriet : "¿Por qué dices eso?"

Mina : "Experiencia personal. Las especies de plantas nunca sobrevivirán en este clima. Hubo semillas de okra que compré el año pasado, seis meses después, ninguna de ellas sobrevivió".

Harriet : "Es desafortunado".

Mina : "Sí, y es así por varias razones. Primero, casi siempre llueve, por lo que este lugar es ridículamente frío durante todo el año … En segundo lugar, el suelo no es lo suficientemente bueno".

Harriet : "Entonces, ¿por qué eliges vivir en un entorno así?"

Mina : "El aire es más limpio, con menos tráfico y actividad industrial. Cuando deja de llover, los pájaros susurran suavemente por la mañana a través de mi ventana y construyen nidos con hermosos huevos dentro".

Harriet : "Ya veo".

Capítulo 6

MATERIALES

Palabras claves: Wood, oil, silver, leather, gold.

El hielo	The ice
La piedra	The stone
El oro	The gold
La madera	The wood
El papel	The paper
Ella tiene un montón de dinero	She has a lot of money
Ese cuchillo está hecho de hierro	That knife is made of iron
Me gusta el hielo	I like ice
Esto es oro	This is gold
Tus papeles, por favor	Your papers, please
Ese puente está hecho de piedra	That bridge is made of stone
Esa caja está hecha de papel	That box is made of paper
La puerta está hecha de acero	The door is made of steel
Las monedas están hechas de metal	Coins are made of metal
América es rica en petróleo	America is rich in oil
El polvo está en el piso	The dust is on the floor
Este plástico es verde	This plastic is green
La lana es de buena calidad	The wool is of good quality
No me gusta el plástico	I do not like plastic

MODO HISTORIA

ENGLISH

Gold, iron, oil, cotton, rubber. What do these five have in common? If you guessed they are all raw materials, then you would be right.

Raw materials are often natural substances that can be turned into new products through processing activities. Do not believe me? Look around you. The coins are metal. Your belts are leather. The forks and spoons you eat with, are mainly silver. Wood is another good example of raw material. After the treatment, the sawdust can also be used as raw material in the creation of another product.

SPANISH

Oro, hierro, aceite, algodón, caucho. ¿Qué tienen estos cinco en común? Si adivinaste que son todas materias primas, entonces estarías en lo cierto.

Las materias primas a menudo son sustancias naturales que pueden convertirse en nuevos productos a través de actividades de procesamiento. ¿No me creas? Mira a tu alrededor. Las monedas son de metal, Tus cinturones son de cuero. Las tenedores y cucharas con las que comes son principalmente de plata. La madera es otro buen ejemplo de materia prima. Después del tratamiento, el aserrín también se puede usar como materia prima en la creación de otro producto.

Capítulo 7
LAS ARTES

Palabras claves: Painting, music, poetry, artist, film, novel.

El teatro	The theater
La película	The movie
El violin	The violin
El poema	The poem
El ritmo	The rhythm
El artista	The artist
Las artes	The arts
El Museo	The museum
El cantante	The singer
El instrumento	The instrument
Es una nota musical	It is a musical note
Usted tiene la pintura	You have the painting
Está de moda este año	It is in fashion this year
No me ha gustado esta actuación	I have not liked this performance
Es una gran pieza	It is a great piece
Sus marcas son excelentes	His marks are excellent
Estoy viendo las obras de mi tía	I am looking at my aunt's works
Las modas de este año son completamente diferentes	This year's fashions are completely different
Usted tiene la pintura	You have the paint
¿Es un escritor vivo?	Is he a living writer?

quiero ir al cine	I want to go to the cinema
Ellos son artistas	They are artists
A veces, recitan poemas	Sometimes, they recite poems
Se usa para ver películas	It is used for watching movies
¿Donde esta el museo?	Where is the museum?

TIEMPO DE ENTRENAMIENTO

La escena	The scene
Llevo una máscara	I wear a mask
El diseño es diferente	The design is different
Donde esta la pintura?	Where is the painting?
Es para mi novela	It is for my novel
Escucho canciones	I listen to songs
Le gusta el piano	He likes the piano
Ella ha ido a ese concierto	She has gone to that concert
Quiero una guitarra	I want a guitar
El actor habla con el rey	The actor speaks with the king
Él es cantante	He is a singer
Los actores	The actors
Nuestro hijo tiene tres guitarras	Our son has three guitars
A Alessia le gusta escuchar el violín	Alessia likes to listen to the violin

Él toca el piano	He plays the piano
Yo uso la cámara	I use the camera
Estoy dibujando un auto	I am drawing a car
La fotografía es hermosa	The photograph is beautiful
El músico tiene muchos amigos	The musician has a lot of friends
A él le gusta la literatura	He likes the literature
Mi tío ama la arquitectura	My uncle loves architecture
Las cámaras	The cameras
Él está tomando fotografías	He is taking photographs
Los dos músicos están jugando un trabajo famoso	The two musicians are playing a famous work

TIEMPO DE ENTRENAMIENTO

El músico viene con su violín	The musician is coming with her violin
En el escenario	On stage
A él no le gusta la crítica	He does not like criticism
A ella le encanta escribir poemas	She loves writing poems
Yo siempre canto	I always sing
Estoy escribiendo un poema	I am writing a poem
Los pájaros cantan	The birds sing

MODO HISTORIA

ENGLISH

"It's a beautiful painting, I did not know you were artistic:" commented Niko.

"Not as much as you think, but my sister is." Emerick replied.

"She loves drawing, literature and music, and her poetry shows are always filled with rhymes and rhythms, you should see a show when you have the time.

On the other hand, the only artistic thing about me is that I can play both bass and electric guitar, and from time to time, I like to attend one or two dinners to meet real artists."

SPANISH

"Es una pintura hermosa, no sabía que eras artístico", comentó Niko.

"No tanto como piensas, pero mi hermana sí", respondió Emerick.

"Le encanta dibujar, literatura y música, y sus espectáculos de poesía están siempre llenos de rimas y ritmos. Deberías ver un espectáculo cuando tengas tiempo.

Por otro lado, lo único artístico de mí es que puedo tocar tanto el bajo como la guitarra eléctrica, y de vez en cuando, me gusta asistir a una o dos cenas para conocer artistas reales".

Capítulo 8

MEDIDAS

Palabras claves: Weight, speed, liter, tons, centimeters, kilograms, metric, volume, width, size, height, length.

Profundidad	Depth
Altura	Height
Hay mil kilos en una tonelada	There are a thousand kilos in a ton
Hay cien centímetros en un metro	There are one hundred centimeters in one meter
Hay veinte kilómetros como máximo	There are twenty kilometres at most
Tengo un litro de vino	I have one litre of wine
Las longitudes de los barcos son muy diferentes	The lengths of the boats are very different
Otro centímetro	Another centimeter
Él come toneladas de pescado	He eats tons of fish
La familia bebe varios litros de leche por semana	The family drinks several litres of milk per week
Hay aproximadamente un kilómetro entre mi casa y mi oficina	There is about one kilometer between my house and my office
Él come un tercio de la torta?	He eats one third of the cake?

Él quiere la mitad del pastel	Depth
Cuatro es dos veces dos	Height
¿Cuál es tu peso?	There are a thousand kilos in a ton
¿Qué talla es?	There are one hundred centimeters in one meter
El ancho de la puerta es ochenta centímetros	There are twenty kilometres at most
La profundidad es importante	I have one litre of wine
¿Cuál es tu tamaño?	The lengths of the boats are very different
¿Quieres la mitad de mi manzana?	Another centimeter
Ocho es dos por cuatro	He eats tons of fish
Es del tamaño de un huevo	The family drinks several litres of milk per week
En la habitación de al lado	There is about one kilometer between my house and my office

TIEMPO DE ENTRENAMIENTO

MODO HISTORIA

ENGLISH

"How fast does the engine run?" asked Professor Makkonen, the silver-haired engineer, while testing his latest invention on the Elysee bridge.

"Nine- and three-square knots." said his assistant, who was holding a large speedometer.

"What are the height and weight requirements for a depth of eight kilometers below sea level?"

"Four tons and ten feet, sir."

"OK, it's good. Now, how much does it weigh compared to the previous one?" Professor Makkonen asked

"It usually depends on its width and the amount of moisture it contains, and on this point, the two are almost equal; sixty-two to sixty-five pounds," the assistant explained.

"Yes, but it consumes a third of the power of its predecessor, but it also has a greater total distance: ninety centimeters to two meters, unlike fifty centimeters to one meter, so there is a difference." said the proffessor.

The assistant took out his notebook and scribbled some figures.

"Maybe we should also increase the length by half, sir, for aerodynamic purposes."

"No problem Walter let's go work." the professor replied.

SPANISH

"¿Qué tan rápido está funcionando el motor?" El profesor Makkonen, el ingeniero de cabello plateado, preguntó mientras probaba su último invento en el puente Elysee.

"Nueve y tres nudos cuadrados", dijo su asistente, que sostenía un gran velocímetro.

"¿Cuáles son los requisitos de altura y peso para una profundidad de ocho kilómetros bajo el nivel del mar?"

"Cuatro toneladas y diez pies, señor".

"OK, está bien, ahora, ¿cuánto pesa comparado con el anterior?" Profesor Makkonen preguntó.

"Por lo general, depende de su ancho y de la cantidad de humedad que contiene, y en este punto, los dos son casi iguales: sesenta y dos a sesenta y cinco libras", explicó el asistente.

"Sí, pero consume un tercio de la potencia de su predecesor, pero también tiene una distancia total mayor: noventa centímetros a dos metros, a diferencia de cincuenta centímetros a un metro, por lo que hay una diferencia", dijo el profesor.

El asistente sacó su libreta y garabateó algunas figuras.

"Tal vez también deberíamos aumentar la longitud a la mitad, señor, con fines aerodinámicos".

"No hay problema Walter, vamos a trabajar", respondió el profesor.

Capítulo 9

MÉDICO

Palabras claves: Clinic, patients, doctor, health.

La mano	The hand
La nariz	The nose
La oreja	The ear
El brazo	The arm
El ojo	The eye
El cuerpo	The body
El pie	The foot
La boca	The mouth
La parte de atrás	The back
Estas son nuestras cabezas	These are our heads
El doctor	The doctor
Su corazón es malo	His heart is bad
Le costó encontrarlo	He had a hard time finding you
Ellos están enfermos	They are sick
Ella tiene una cabeza pequeña	She has a small head
Esa es mi mano	That is my hand
¿Es malo o peligroso?	Is it bad or dangerous?
Ellos están enfermos	They are sick
Sus ojos son azules	Her eyes are blue
Él tiene una gran boca	He has a big mouth
Esa no es mi edad	That is not my age
¿Por qué esta operación?	Why this operation?
Mi hijo es pequeño para su edad	My son is small for his age
La sangre es roja	The blood is red
¿Necesito una operación?	Do I need an operation?

Vamos a trabajar a pie	We go to work on foot
Luego ella abrió la boca	Then she opened her mouth
Él tiene dos pies izquierdos	He has two left feet
Es la edad mínima	It is the minimum age
Sus piernas son largas	Her legs are long
Su frente es grande	His forehead is big
Sus labios son azules	Her lips are blue
Tu cara es roja	Your face is red
Yo huelo con mi nariz	I smell with my nose

TIEMPO DE ENTRENAMIENTO

Salud	Health
El cerebro	The brain
El dentista	The dentist
El hospital	The hospital
El cuello	The neck
El doctor	The doctor
Su piel es suave	Her skin is soft
Tengo los dedos grandes, así que no puedo usar un teclado pequeño	I have big fingers, so I cannot use a small keyboard
Tu frente está caliente	Your forehead is hot
Ella tiene una cara muy bonita	She has a very pretty face
Tengo una pierna dolorida	I have a sore leg
Tengo la piel seca	I have dry skin
La dama comió con los dedos	The lady ate with her fingers
Ella tiene dos piernas	She has two legs

Me corté el dedo con un cuchillo	I cut my finger with a knife
Su piel está fría	His skin is cold
El niño está saliendo	The child is teething
Su enfermedad es seria	Her illness is serious
El riesgo es demasiado grande	The risk is too great
tengo lagrimas en mis ojos	I have tears in my eyes
Mi dieta es dura	My diet is hard
Siento el viento en mi cuello	I feel the wind on my neck
Un diente, dos dientes	One tooth, two teeth
Él está a dieta	He is on a diet
Mi madre estaba llorando	My mother was in tears

TIEMPO DE ENTRENAMIENTO

Perdió la vista	He lost his sight
Su cofre es rojo	His chest is red
Tu garganta es roja	Your throat is red
Tu hermano es un doctor	Your brother is a doctor
Le duelen los oídos	His ears hurt
Ambos son doctores	Both of them are doctors
Ella tiene un virus	She has a virus
Ese tigre tiene una piel brillante	That tiger has shiny fur
Ella es médica	She is a medical doctor
Y los pacientes son viejos	And the patients are old
El hueso es blanco	The bone is white
El cerebro es muy sensible	The brain is very sensitive

Nuestro paciente está en la misma condición	Our patient is in the same condition
La medicina está haciendo mal	Medicine is doing badly
Compramos medicina en la farmacia	We buy medicine at the pharmacy
Tengo una buena vida	I have a good life
El corazón es un órgano	The heart is an organ
Tengo dolor en mi hombro	I have pain in my shoulder
Ella va a consultar a su marido	She is going to consult her husband
Antes, mis mejillas estaban rojas	Before, my cheeks were red
Hablamos sobre nuestras vidas	We spoke about our lives
Debes tomar tu medicación	You must take your medication
Tengo que ir a la farmacia	I have to go to the pharmacy
Esta enfermera trabaja en esa clínica	This nurse works in that clinic
Perdón por tu tobillo	Sorry for your ankle

TIEMPO DE ENTRENAMIENTO

Mis uñas son cortas	My nails are short
Este músculo duele	This muscle hurts
Creces mientras duermes	You grow while you sleep
El estómago es un órgano	The stomach is an organ
Tengo que ver a un dentista	I have to see a dentist

El niño está creciendo	The child is growing
Tengo que proteger mis tobillos y mis pies	I have to protect my ankles and my feet
Creo que se ha convertido en una enfermera	I think he has become a nurse
Usamos solo los músculos	We use only the muscles
Los niños crecen rápido	Children grow up fast
El elefante está loco	The elephant is crazy
Un gato muerto?	A dead cat?
El hombre está desnudo	The man is naked
Una mujer loca	A crazy woman
Está ella desnuda?	Is she naked?
Los hombres están locos	Men are crazy
Me encanta caminar descalzo en la hierba	I love walking barefoot in the grass

TIEMPO DE ENTRENAMIENTO

MODO HISTORIA

ENGLISH

Niko: "Why are you out of breath?"

Mina: "I was walking very fast."

Niko: "Why, it's not a good idea, considering your injury."

Mina: "I felt a burning sensation in my chest, so I rushed to the pharmacy for self-treatment."

Niko: "Oh, but when did you become a doctor? and why not go to the hospital instead?"

Mina: "Because I do not like the smell of hospitals, it irritates my nose and bends my stomach ... Moreover, there are so many patients everywhere, and sometimes I'm afraid that there is a virus in the air."

Niko: "I can understand, my uncle continued to say similar things until the operation on his heart last year, he needed a donor organ, but there was none, so now he is dead."

Mina: "You always have a horror story to tell, sorry for your uncle."

Niko: "Sorry for your ankle too, and do not worry, everything will be fine, make sure you take your medicine and stay away from the bikes for a while."

SPANISH

Niko : "¿Por qué estás sin aliento?"

Mina : "Estaba caminando muy rápido".

Niko : "Por qué, no es una buena idea, teniendo en cuenta su lesión".

Mina : "Sentí una sensación de ardor en el pecho, así que corrí a la farmacia para auto-tratamiento".

Niko : "Oh, ¿cuándo te convertiste en médico? ¿Y por qué no ir al hospital?"

Mina : "Porque no me gusta el olor de los hospitales, me irrita la nariz y me dobla el estómago ... Además, hay tantos pacientes en todas partes, y a veces me temo que hay un virus en el aire".

Niko : "Puedo entender, mi tío siguió diciendo cosas similares hasta la operación en su corazón el año pasado, necesitaba un órgano donante, pero no había ninguno, por lo que ahora está muerto".

Mina : "Siempre tienes una historia de terror que contar, perdón por tu tío".

Niko : "Lo siento por tu tobillo también, y no te preocupes, todo estará bien, asegúrate de tomar tu medicamento y mantente alejado de las bicicletas por un tiempo".

Capítulo 10

POLÍTICA

Palabras claves: Democracy, party, president, budget, power, vote, election, government.

El ejercito	The army
La libertad	The liberty
La economía	The economy
El Gobierno	The government
La Ley	The law
Cada sociedad tiene sus leyes	Each society has its laws
El desarrollo económico es importante para ese país	Economic development is important for that country
Este país está en contra de la guerra	This country is against war
¿El rey tiene poder?	Does the king have power?
Es tu derecho	It is your right
Tienes derechos	You have rights
Él no tiene ningún poder	He does not have any powers
Este no es siempre el caso en todas las sociedades	This is not always the case in all societies
El presidente habla con el gobierno	The president talks to the government
Es un buen acuerdo	It is a good agreement
El partido de las personas	The party of the people
A la gente le gusta la libertad	The people like freedom
Él está en una fiesta	He is in a party

La crisis económica	The economic crisis
La revolución silenciosa	The quiet revolution
La razón es seguridad	The reason is security
¿Es eso justicia?	Is that justice?
Los policias	The policies
Ella trabaja para la defensa de su país	She works for the defense of her country

TIEMPO DE ENTRENAMIENTO

Es una política	It is a policy
La seguridad es importante	Safety is important
Desarrollo, justicia, libertad	Development, justice, freedom
El ministro pronunció un discurso importante esta mañana	The minister has made a major speech this morning
Somos la mayoría	We are the majority
No queremos violencia	We do not want violence
Es el partido de oposición más grande	It is the biggest opposition party
Los ministros europeos están ahí	European ministers are there
Es un partido de la oposición	It is a party of the opposition
Casi no hay violencia en este país	There is almost no violence in this country
La mayoría tiene miedo	The majority is afraid
Esta dama está en la oposición	This lady is in the opposition

En esa ciudad, casi no hay violencia	In that city, there is almost no violence
Los candidatos	The candidates
La organización	The organization
La elección es mañana	The election is tomorrow
Voy a ser alcalde	I am going to be mayor
El presupuesto es muy importante	The budget is very important
Estoy aquí para pagar una deuda	I am here to pay a debt
El conflicto dura treinta años	The conflict lasts thirty years
Tuvimos una deuda de honor	We had a debt of honor
¿Es él el alcalde?	Is he the mayor?
¿Es la estrategia correcta?	Is it the right strategy?
¿Qué es una nación?	What is a nation?
El alcalde está en el ayuntamiento	The mayor is in city hall

TIEMPO DE ENTRENAMIENTO

Ese evento lo hizo famoso	That event made him famous
Es un crimen de guerra	It is a war crime
Tenemos que pagar impuestos	We have to pay tax
La asamblea nacional está en París	The national assembly is in Paris
Tengo que pagar mis impuestos	I have to pay my taxes
Las estrategias serán nacionales	The strategies will be national
Yo había conocido eventos más felices	I had known happier events

La demostración es un éxito	The demonstration is a success
No hay voto	There is no vote
¿Es un senador?	Is he a senator?
Ella es lo suficientemente mayor para votar	She is old enough to vote
Creemos en la democracia	We believe in democracy
Él tiene muchos amigos en el parlamento	He has a lot of friends in the parliament
La demostración ha comenzado	The demonstration has begun
El Parlamento es más poderoso, por lo tanto, debe ser más responsable	Parliament is more powerful, it must therefore be more responsible
Este es el voto de la mayoría	This is the vote of the majority
Él es un senador	He is a senator
Ella dirige a su familia	She runs her family
Él se dirige a París	He is heading for Paris
No puedo luchar contra la política del alcalde solo	I cannot fight against the mayor's politics all alone
La policía y el sistema de justicia deben luchar contra el crimen todos los días	The police and the justice system must struggle against crime everyday
Él maneja un restaurante y es respetado por todos	He manages a restaurant and is respected by all

MODO HISTORIA

ENGLISH

"I have never been able to understand the monarchy system of government."said Niko. "Why is there at the same time a king, a prime minister and a president? Does the king have special powers or is he above the law?"

"I do not really understand myself, but I guess the monarch's role is to be the physical manifestation of a country's power, all the work is done by the prime minister or the president." said Mina.

"Speaking of presidents, America has a new one." he said, brandishing a baseball cap with the letters M.A.S.A sewn on it.

"The man has nothing to offer as president, he has no respect for women, and there is no proof that he pays his taxes, he is simply a danger to society." said Mina.

"Yesterday's election was rigged, and if there is justice in this world, it would already be canceled."

"I do not agree, he just had a better strategy." said Niko. "I believe in democracy, which puts power in the votes of the people. The results are the voices of popular opinion. America now has a new direction, which is a revolution against the status quo."

"I do not care, he's still not my president!" shouted Mina.

SPANISH

"Nunca he sido capaz de entender el sistema de gobierno de la monarquía", dijo Niko. "¿Por qué hay al mismo tiempo un rey, un primer ministro y un presidente? ¿Tiene el rey poderes especiales o está por encima de la ley?"

"Realmente no me entiendo a mí mismo, pero creo que el papel del monarca es ser la manifestación física del poder de un país, todo el trabajo lo hace el primer ministro o el presidente", dijo Mina.

"Hablando de presidentes, Estados Unidos tiene uno nuevo", dijo, blandiendo una gorra de béisbol con las letras M.A.S.A cosidas.

"El hombre no tiene nada que ofrecer como presidente, no respeta a las mujeres, y no hay pruebas de que pague sus impuestos, simplemente es un peligro para la sociedad", dijo Mina.

"Las elecciones de ayer fueron manipuladas, y si hay justicia en este mundo, ya estaría cancelada".

"No estoy de acuerdo, él solo tenía una mejor estrategia", dijo Niko. "Creo en la democracia que pone el poder en los votos del pueblo. Los resultados son las voces de la opinión popular. Estados Unidos ahora tiene una nueva dirección, que es una revolución contra el status quo".

"No me importa, todavía no es mi presidente", gritó Mina.

En Marche !

Capítulo II
EDUCACIÓN

Palabras claves: Semester, course, school, pencil, lessons, studies, university, concepts, school, students.

El estudiante	The student
La escuela	The school
La biblioteca	The library
El director	The director
Estoy en la clase	I am in the class
Este curso es muy difícil	This course is very difficult
Este estudio es muy importante	This study is very important
Él trabaja en educación	He works in education
Los niños son buenos estudiantes	The children are good students
A él no le ha gustado la escuela	He has not liked school
Él necesita completar sus estudios	He needs to complete his studies
Los estudiantes beben vino	The students are drinking wine
Tengo que estudiar	I have to study
Mi hijo está en la escuela secundaria	My son is in secondary school
Ella va a dos universidades	She goes to two universities

Un verdadero ejercicio intelectual	A true intellectual exercise
Esta es una buena biblioteca	This is a good library
He sido un estudiante	I have been a student
Algunos estudiantes beben vino	Some students drink wine
Mi hermano es un estudiante	My brother is a student
Mi plan es estudiar en Australia	My plan is to study in Australia
Escribimos guiones	We write scripts
He perdido mi lápiz	I have lost my pencil
Tenemos seis lecciones por día	We have six lessons per day
El intento es bueno	The attempt is good

TIEMPO DE ENTRENAMIENTO

El curso	The course
Él ha tenido un entrenamiento clásico	He has had a classical training
Esta es su descripción	This is her description
Es su primer semestre	It is his first semester
Él está mejorando sus líneas	He is improving his lines
La segunda lección es muy fácil	The second lesson is very easy

Hay treinta lápices y diez niños	**There are thirty pencils and ten children**
El camarero es un principiante	**The waiter is a beginner**
Finalmente, pasé el examen	**Finally, I passed the exam**
El concepto del juego es simple	**The concept of the game is simple**
Leer es mi gran pasión	**Reading is my great passion**

MODO HISTORIA

ENGLISH

Alex: "In a way, I knew I would find you in the library."

Mina: "I have to be here. For an extra credit, I signed up for an application development course, which means I have to go through a recommended text called" Application Development Principles "and take a test this week."

Alex: "I see, it's good for you. But i'm tired of school, and it's very likely that I will not go to the next class."

Mina: "We are no longer in high school; every lesson must be taken seriously."

Alex: "Or what?"

Mina: "Is it not obvious? or you'll fail."

Alex: "To be honest, I prefer to run the family business, but my father insists that I have to finish my studies first. Contemporary university education is not very important to me, so I'm really not afraid of an F."

Mina: "I understand where you come from, but I do not agree with your point of view on the value of education: education is the key to developing a society, so it must be taken seriously."

SPANISH

Alex : "En cierto modo, sabía que te encontraría en la biblioteca".

Mina : "Tengo que estar aquí". Para obtener crédito adicional, me inscribí en un curso de desarrollo de aplicaciones, lo que significa que tengo que pasar por un texto recomendado llamado 'Principios de desarrollo de aplicaciones' y realizar un examen esta semana".

Alex : "Ya veo, es bueno para ti, pero estoy cansado de la escuela, y es muy probable que no vaya a la próxima clase".

Mina : "Ya no estamos en la escuela secundaria, cada lección debe tomarse en serio".

Alex : "¿O qué?"

Mina : "¿No es obvio? O vas a fallar".

Alex : "Para ser honesto, prefiero dirigir el negocio familiar, pero mi padre insiste en que debo terminar mis estudios primero". La educación universitaria contemporánea no es muy importante para mí, así que realmente no le temo a un F."

Mina : "Entiendo de dónde vienes, pero no estoy de acuerdo con tu punto de vista sobre el valor de la educación, la educación es la clave para el desarrollo de una sociedad, por lo que debe tomarse en serio".

Capítulo 12
IMPERATIVOS

Palabras claves: Stop, forget, take, listen, talk, change, shut up, do, look, write, send.

Ir	Go
Imagina que tienes razón	Imagine that you are right
No hagas tanto ruido	Do not make so much noise
No disparar antes de mi orden	Do not shoot before my order
Mire este problema como una oportunidad	Look at this issue as an opportunity
Caminemos	Let's walk
No dispare	Don't shoot
Cambiar el disco	Change the disc
Hacer los sándwiches	Make the sandwiches
Imagina que tienes veinte años	Imagine that you are twenty years old
Ve al parque	Go to the park
Hagamos una ensalada	Let's make a salad
Pon la novela sobre la mesa	Put the novel on the table
escoge una o la otra	Choose one or the other
Ven cuando quieras	Come whenever you want
Mira lo que has hecho	Look what you did
Envíales lo que estaba planeado	Send them what was planned

Olvídate de esa chica	Forget that girl
Dejame explicar	Let me explain
Envíame un mensaje esta noche	Send me a message tonight
Mira la página siguiente	Look at the next page
No vengas ac'a	Do not come here
Ponte el sombrero, hijo	Put on your hat my son
Elige un plato	Choose a plate
Por favor déjenos decir una última palabra	Please let us say a last word

TIEMPO DE ENTRENAMIENTO

Detener	Stop
No seas infeliz	Don't be unhappy
Come menos pan	Eat less bread
Escucharte a ti mismo	Listen to yourself
Bebamos té	Let's drink tea
Corre, llegas tarde	Run, you are late
Avanza diez pasos	Go forward ten steps
Come las fresas	Eat the strawberries
Seamos fuertes	Let's be strong
Escucha mi amigo	Listen my friend
Bebe tu leche, mi hijo	Drink your milk, my son
Deja de mirarme de esa forma	Stop looking at me like that

Vamos, la luz es verde	Go on, the light is green
Cállate cuando hablo	Be quiet when I speak
Dame ese papel	Give me that paper
Toma lo que te pertenece	Take what belongs to you

MODO HISTORIA

ENGLISH

Niko: "Excuse me, I missed the first train and I had to catch another one, besides, I do not think the first five minutes count a lot".

Michelle: "Next time, I'll start alone."

Niko: "I understand, I'll compensate you."

Michelle: "Definitely, choose from this list and tell me how you want to start."

1. Wash our dishes for a week.

2. Remain silent for one hour.

3. Write an essay that explains why you will never be late again.

4. Buy me The Simple Way To Learn Spanish, volume two.

5. Forget about television for a week.

6. Run three times a week with me.

7. Give me all your monthly income.

8. Send me a text message that says "Hi, I love you" every day, until the end of the month.

9. Let me play all your free throws every time you play NBA with Patrick.

SPANISH

Niko : "Disculpe, me perdí el primer tren y tuve que atrapar otro, además, no creo que los primeros cinco minutos cuenten mucho".

Michelle : "La próxima vez, comenzaré solo".

Niko : "Entiendo, te compensaré".

Michelle : "Definitivamente. Elige de esta lista y dime cómo quieres comenzar".

1. Lava nuestros platos por una semana.

2. Permanece en silencio por una hora.

3. Escribe un ensayo que explique por qué nunca volverás a llegar tarde.

4. Cómprame La forma más fácil de aprender español, volumen dos.

5. Olvídate de la televisión por una semana.

6. Corre tres veces a la semana conmigo.

7. Dame todos tus ingresos mensuales.

8. Envíame un mensaje de texto que diga 'Hola, te amo' todos los días, hasta el final del mes.

9. Déjame jugar todos tus tiros libres cada vez que juegues NBA con Patrick.

Capítulo 13

LA CIENCIA

Palabras claves: Technology, calculations, invention, analysis, formula, research, function, matter, theory.

El círculo	The circle
La atmósfera	The atmosphere
Hice un descubrimiento	I made a discovery
estoy conectado	I am online
La materia prima es rara	The raw material is rare
La búsqueda es global	The search is global
No es mi punto fuerte	It is not my strong point
La energía proviene del sol	The energy comes from the sun
En teoría, sí	In theory, Yes
La función de este equipo es simple	The function of this equipment is simple
¿Cómo están las líneas?	How are the lines?
Tengo una camisa con puntos blancos y negros	I have a shirt with black and white dots
Esta es una gran cantidad de energía	This is a large quantity of energy
Me gustan las ciencias físicas	I like the physical sciences

Puedes explicar la fórmula	You can explain the formula
Ella comienza el análisis	She starts the analysis
No me gustan tus métodos	I do not like your methods
Sus análisis son buenos	Their analyses are good
La ciencia es importante	Science is important
Este método ofrece dos ventajas	This method offers two advantages
Es la fórmula de este medicamento	It is the formula of this medicine
La ciencia no es perfecta	Science is not perfect
El análisis se realiza en dos etapas	The analysis is done in two stages
Llegó a su límite	He reached his limit

TIEMPO DE ENTRENAMIENTO

La temperatura baja	The temperature drops
Es una cuestión de escala	It is a question of scale
El círculo es rojo	The circle is red
El Científico	The scientist
Ella conoce sus límites	She knows her limits
Son tres grados esta tarde	It is three degrees this evening

No es una invención	It is not an invention
Debo saberlo	I must know it
El radio del círculo	The radius of the circle
A él no le gustan las matemáticas	He does not like mathematics
Este periódico se quema rápidamente	This newspaper burns quickly

TIEMPO DE ENTRENAMIENTO

MODO HISTORIA

ENGLISH

J.D Moneyfella: "Is it going to work this time? It does not seem possible to me."

Professeur Makkonen: "To a certain extent, yes."

J.D Moneyfella: "And do you believe that your invention will help to reach it?"

Professeur Makkonen: "Sir, nothing is impossible with science, I think we have the right technology now, according to my calculations, we will also need raw materials, as described in the research paper."

J.D Moneyfella: "I do not doubt the extent of your knowledge, but so far, all we have done is circulate the problem. We are where we started. At this point, it is safe to say that there are limits to our understanding of the subject, even for you."

Professeur Makkonen: "On the contrary, sir, this formula suggests that there could be many other ways to explore it."

J.D Moneyfella: "Mathematics does not interest me, Professor, it will never be the case."

Professeur Makkonen: "But mathematics is pretty simple. Just invest a little more in this alternative energy, and the only math you will do is count the number of banks to store your money."

SPANISH

J.D Moneyfella : "¿Va a funcionar esta vez? No me parece posible".

Professeur Makkonen : "Hasta cierto punto, sí".

J.D Moneyfella : "¿Y cree que su invención ayudará a alcanzarlo?"

Professeur Makkonen : "Señor, nada es imposible con la ciencia, creo que ahora tenemos la tecnología correcta. Según mis cálculos, también necesitaremos materias primas como se describe en el documento de investigación".

J.D Moneyfella : "No dudo del alcance de su conocimiento, pero hasta ahora, todo lo que hemos hecho es circular el problema. Estamos donde comenzamos. En este punto. Es seguro decir que hay límites para nuestra comprensión del tema, incluso para usted".

Professeur Makkonen : "Por el contrario, señor, esta fórmula sugiere que podría haber muchas otras maneras de explorarla".

J.D Moneyfella : "Las matemáticas no me interesan, profesor, nunca será el caso".

Professeur Makkonen : "Pero las matemáticas son bastante simples. Solo invierta un poco más en esta energía alternativa, y la única matemática que tendrá que hacer es contar la cantidad de bancos para almacenar su dinero".

Capítulo 14

TRANSPORTE

Palabras claves: Flight, bus, ticket, passport, passengers, station, accident, driving, airport, metro, plane, motorcycle, train, travel, motor, ship.

El autobús	The bus
El taxi	The taxi
La estación	The station
El avión	The airplane
El tren	The train
La motocicleta	The motorcycle
La guía	The guide
El metro	The subway
El motor	The motor
Un aeropuerto	An airport
El pasaporte	The passport
Ten un buen viaje	Have a good trip
El barco baja por el río	The boat goes down the river
¿A dónde va este tren?	Where is this train going?
El auto tiene un motor nuevo	The car has a new engine
¿Dónde está el tren a Londres?	Where is the train to London?
Tres clases de barcos	Three classes of boats
¿Dónde está la estación?	Where is the station?
El viaje es largo?	The trip is long?
Algunos barcos están en el lago	A few boats are on the lake
yo vuelo	I fly
¿Sabes como conducir?	Do you know how to drive?

¿Dónde están mis alas?	Where are my wings?
La motocicleta es amarilla	The motorcycle is yellow
Yo camino desde el aeropuerto	I walk from the airport
Mi avión está volando a Francia	My plane is flying to France
Los enemigos vuelan sobre el paisaje	The enemies fly over the landscape
Me gusta el clima africano	I like the African climate
Asia es un continente	Asia is a continent

TIEMPO DE ENTRENAMIENTO

Yo hablo español	I speak Spanish
La gasolina es para mi auto	The petrol is for my car
Un automóvil tiene un volante	A car has a steering wheel
Es un boleto gratis	It is a free ticket
¿Dónde está el autobús a Stratford?	Where is the bus to Stratford?
La mujer habla francés	The woman speaks French
¡Cambia el neumático de tu auto!	Change the tire of your car!
Los turistas visitan el museo	The tourists visit the museum
Ellos son los pasajeros del autobús	They are the passengers of the bus

No me visitas	You do not visit me
¿Tiene usted su pasaporte?	Do you have your passport?
El turista tiene una maleta azul	The tourist has a blue suitcase
Los italianos beben vino con su cena	Italians drink wine with their dinner
Somos los pasajeros	We are the passengers
El está conduciendo	He is driving
Tu viaje comienza aquí	Your journey starts here
La enfermera está estacionando su auto	The nurse is parking her car
Él tiene un accidente automovilístico	He has a car accident
Llegamos tarde debido al tráfico	We were late because of the traffic
¿Desde cuándo conducimos?	Since when do we drive?
Entonces, ¿aceleramos o ralentizamos?	So, do we speed up or slow down?
Usted no está en este mundo	You are not in this world
soy rápido	I am fast
¿Es un tren directo?	Is it a direct train?
Es peligroso acelerar aquí	It is dangerous to accelerate here

MODO HISTORIA

ENGLISH

Pietr: "What are you doing with the car keys?"

Alex: "I want to change the tires of the car and examine the engine. My brother and I will go to Marseille Provence airport later today."

Pietr: "Where are you travelling to?"

Alex: "Caen."

Pietr: "Why do you need a flight? it will take only a few hours of driving. Transportation is cheaper by road than by plane, unless you just want to burn francs."

Alex: "I know this. Ideally, I would have liked to go on my bike, or bus, but the traffic is very difficult in the morning, and I would like to get there sooner. In addition, like other passengers on board, I can afford it."

Pietr: "I think it's a waste of money. I used to fly to London from Italy frequently, but I would never have spent such an amount at a distance like this. If it's the speed and the price you prefer, I'll say go with the trains."

Alex: "I'm tempted not to take your advice after what happened with the exams, but you've always delivered, and I personally love trains. Especially the Eurostar trains, they move very fast too. Thank you, I think I might prefer that instead."

SPANISH

Pietr : "¿Qué estás haciendo con las llaves del auto?"

Alex : "Quiero cambiar las ruedas del automóvil y examinar el motor; mi hermano y yo iremos más tarde al aeropuerto de Marsella Provenza".

Pietr : "¿A dónde vas a viajar?"

Alex : "Se caen".

Pietr : "¿Por qué necesitas un vuelo? Solo tomará unas pocas horas de conducción, el transporte es más económico por carretera que por avión, a menos que solo quieras quemar francos".

Alex : "Sé esto, idealmente, me hubiera gustado subirme a mi bicicleta o autobús, pero el tráfico es muy difícil por la mañana, y me gustaría llegar antes como otros pasajeros a bordo".

Pietr : "Creo que es una pérdida de dinero, solía volar a Londres desde Italia a menudo, pero nunca hubiera gastado esa cantidad a una distancia como esta, si es la velocidad y el precio que prefieres, te aconsejaré para ir con los trenes".

Alex : "Tengo la tentación de no seguir tu consejo después de lo que pasó con los exámenes, pero creo que tienes razón, personalmente me encantan los trenes, especialmente los trenes Eurostar, también se mueven muy rápido. Gracias, creo que prefiero eso."

Capítulo 15

ECONOMÍA

Palabras claves: Boss, investment, bank, market, salary, employment, cash, consumers, workers, factory.

Efectivo	Cash
Marko es nuestro gerente	Marko is our manager
Vinieron como trabajadores manuales	They came as manual workers
Ella trabaja en el turismo	She works in tourism
Estos autos son económicos	These cars are economical
¿Cuál es el precio?	What is the price?
Ella tiene una cuenta bancaria	She has a bank account
El consumo de pescado sigue siendo fuerte	Fish consumption is still strong
Nos hemos beneficiado de esta experiencia	We have profited from this experience
Ese es un buen premio para el escritor	That is a good prize for the writer
No tenemos trabajadoras aquí	We do not have female workers here
Esta empresa obtiene muchos beneficios	This company makes a lot of profit

Es un contrato importante para esa industria	It is an important contract for that industry
Este producto está en venta	This product is for sale
Este caballero tiene mucho capital	This gentleman has a lot of capital
Mi tío es un empleado	My uncle is an employee
Los trabajadores van a construir autos	The workers are going to build cars
Aquí esta su cambio	Here is your change
Escribo los contratos	I write the contracts
Las ventas están aumentando	Sales are increasing
Los empleados felices son buenos empleados	Happy employees are good employees
Todas esas industrias ahora han desaparecido	All those industries have now disappeared
Estas mujeres son empleados modelo	These ladies are model employees
Vamos a obtener ganancias	We are going to make profits
Me gustaría alquilar un auto	I would like to rent a car
Ella recibe un buen salario	She receives a good salary

Debemos consumir menos	We must consume less

TIEMPO DE ENTRENAMIENTO

Diseño industrial	Industrial design
La Bolsa de París	The Paris Stock Exchange
Tenemos una habitación en alquiler	We have one room for rent
El beneficio es pequeño	The profit is small
Él trabaja en la bolsa de valores	He works at the stock exchange
Él gana el doble de mi salario	He earns twice my salary
Esta es una ciudad industrial	This is an industrial city
Vamos a obtener ganancias	We are going to make profits
Los sueldos se pagan a fin de mes	Salaries are paid at the end of the month
El beneficio es pequeño	The benefit is small
¿Dónde está mi tarjeta de crédito?	Where is my credit card?
Tengo un trabajo para ti	I have a job for you
La unión es nacional	The union is national
Ella está contratando gente	She is hiring people

Ella tiene una fortuna enorme	She has an enormous fortune
El jefe emplea a trabajadores	The boss employs workers
La competencia no es pura ni perfecta	Competition is neither pure nor perfect
Los sindicatos lo saben	The unions know it
Ella tiene tres préstamos para pagar su casa	She has three loans to pay for her house
Contratamos especialmente en la primavera	We hire especially in the spring
El jefe es el dueño de la fábrica	The boss is the owner of the factory
El precio esta en la factura	The price is on the bill
Es mi orden	It is my order
Esos consumidores son ricos	Those consumers are rich
Usted ve los mercados	You see the markets

TIEMPO DE ENTRENAMIENTO

Es una inversión importante	It is an important investment
La gestión de esta empresa es difícil	The management of this company is difficult
El mercado pide más	The market asks for more

El consumidor es rey	The consumer is king
Sin embargo, su dueño es estadounidense	Nevertheless, their owner is American
¿Dónde están tus cosas?	Where are your things?
Servicio incluido	Service is included
Debo aceptar su oferta	I have to accept his offer
Está en su publicidad	It is in their advertising
Las inversiones están cayendo	The investments are falling
La producción de café es importante en este país	The production of coffee is important in this country
Ella está haciendo un viaje de negocios	She is making a business trip
Ella está trabajando para los servicios secretos franceses	She is working for the French secret services
Es un buen trato	It is a good deal
Esa producción demora entre tres y cuatro meses	That production takes between three and four months
El boleto cuesta cien euros	The ticket costs a hundred euros
El abrigo es caro, pero vale	The coat is expensive but it

la pena su precio	is worth its price
¿Cuál es su valor exacto?	What is its exact value?
Tengo cinco dólares en mi bolsillo	I have five dollars in my pocket
Es un precioso bolso de cuero negro	It is a lovely black leather purse
Esto es un dólar	This is a dollar
Sin embargo, es demasiado caro	However, it is too expensive
Lleva tiempo, pero los resultados valen la pena	It takes time, but the results are worth the effort
Mis zapatos son caros	My shoes are expensive
Los sombreros de las mujeres son caros	The women's hats are expensive
¿Tienes autos más baratos?	Do you have cheaper cars?
Ella tiene ochenta euros	She has eighty euros
La amistad es un valor sólido	Friendship is a solid value
Tengo once euros en mi bolsillo	I have eleven euros in my pocket
Esa foto vale millones	That photo is worth millions
La columna de la izquierda está vacía	The left column is empty
Él dirige una compañía	He runs a company
Mi primo está desempleado	My cousin is unemployed

Este sector está creciendo	This sector is growing
¿Tienes efectivo?	Do you have cash?
Esta tasa es superior a la tasa nacional	This rate is above the national rate
Tengo diez compañías diferentes	I have ten different companies
La tabla contiene cuatro columnas y ocho filas	The table contains four columns and eight rows
Es una empresa francesa	It is a French company
La producción y el consumo están aumentando drásticamente	Production and consumption are sharply increasing
Las figuras están en esta columna	The figures are in this column

MODO HISTORIA

ENGLISH

Mr. Harcourt: "Here is your money, keep the change."

Alessia: "Thank you, Mr. Harcourt, it's quite generous, but

it exceeds my initial cost."

Mr. Harcourt: "Do not bother, I loved your job and I saw your car outside, in this economy, we need all the help we can, consider it a small loan."

Alessia: "I am very grateful, sir, I knew it was an important investment for you and I had to give the best of myself."

Mr. Harcourt: "I know, that's why I have another job for you, if you're interested."

Alessia: "Everything for the boss, I'm all ears."

Mr. Harcourt: "All the details are in this file: the room is for rent, the product is for sale and the prices are indicated on the invoice, what I just paid you is the salary offered if you accept work."

Alessia: "Thank you for the offer sir, but it's too much for me, and I'm not sure I can handle three jobs, but I have a cousin who is often unemployed. He is currently working in a factory near the city."

SPANISH

Senor. Harcourt : "Aquí está su dinero, mantenga el cambio".

Alessia : "Gracias, Sr. Harcourt, es bastante generoso, pero

excede mi costo inicial".

Senor. Harcourt : "No se preocupe, me encantó su trabajo y vi su automóvil afuera, en esta economía, necesitamos toda la ayuda que podamos, considérela un pequeño préstamo".

Alessia : "Estoy muy agradecido, señor, sabía que era una inversión importante para usted y tuve que dar lo mejor de mí".

Senor. Harcourt : "Lo sé, es por eso que tengo otro trabajo para ti, si estás interesado".

Alessia : "Todo para el jefe, soy todo oídos".

Senor. Harcourt : "Todos los detalles están en este archivo: la habitación está en alquiler, el producto está a la venta y los precios están indicados en la factura, lo que acabo de pagar es el salario ofrecido si acepta el trabajo".

Alessia : "Gracias por la oferta, señor, pero es demasiado para mí, y no estoy seguro de poder manejar tres trabajos, pero tengo un primo que a menudo está desempleado y actualmente trabaja en una fábrica cerca de la ciudad".

Capítulo 16

DEPORTES

Palabras claves: Strike, ball, stadiums, sports, equipment, gym, champion, run, player, swim, golf, coach, goal.

La pelota	The ball
El jugador	The player
La meta	The goal
El deporte	The sport
Los equipos	The teams
Un equipo	A team
Una bicicleta	A bicycle
Baile	Dance
Golpeé la pelota	I hit the ball
No vayas al estadio esta noche	Do not go to the stadium tonight
Les gusta correr	They like running
Ella golpea la bola roja	She hits the red ball
me gustan los deportes	I like sports
Nuestra hija toma clases de baile	Our daughter takes dance lessons
Estoy en el estadio	I am at the stadium
Es un balon	It is a ball
Él nos deja nadar	He lets us swim
Él está jugando fútbol	He is playing soccer
Mi amiga deja que su hijo corra	My friend lets her son run
Él es campeón de Francia	He is champion of France

Las bicicletas son nuevas	The bicycles are new
Todos los jugadores estaban allí	All the players were there
Este equipo tiene buenos jugadores	This team has good players
Mi hermano está usando esa bicicleta	My brother is using that bicycle
¿Es un mal jugador?	Is he a bad player?
Alessia sabe nadar	Alessia knows how to swim

TIEMPO DE ENTRENAMIENTO

Su padre no juega al golf	His father does not play golf
Juegan en el gimnasio	They play in the gymnasium
El partido ha sido fácil	The match has been easy
Usted no juega tenis?	You do not play tennis?
Perdimos la competencia	We lost the competition
¿Cuáles son tus aficiones?	What are your hobbies?
Es un futbol	It is a football
Ver pájaros es un buen pasatiempo	Watching birds is a nice hobby
Él tiene la pelota	He has the ball
¿Están en el gimnasio?	Are they at the gym?
El juega golf	He plays golf
fui a dar un paseo	I went for a walk

Soy imposible de vencer	I am impossible to beat
Han marcado un gol	They have scored a goal
Tengo que lanzar la pelota	I have to throw the ball
Yo soy tu entrenador	I am your coach
He marcado de nuevo	I have scored again

TIEMPO DE ENTRENAMIENTO

MODO HISTORIA

ENGLISH

Alex: "Hello Quentin, how are you today, you look very lively."

Quentin: "Not bad actually, I'm very excited for the match, I can not wait for the kickoff, and you?"

Alex: "In truth, I do not know anything about football, I only know Messi and Ronaldo, the only ball sport I can play is golf, and I'm just trying to get an extra hobby by coming here today."

Quentin: "It's surprising, I never would have guessed, by the way, how are you in shape? I've never seen you at the gym."

Alex: "It's easy, these days, I go to school with my bike instead of my car, I swim, I run and I walk in the evening when the weather is nice."

Quentin: "I see, if anyone asks, France is the current world champion of football, and this stadium is called the Allianz Arena.

In addition, the match takes place between two teams, Bayern Munich and Borussia Dortmund. We will support Bayern. They are the reds."

Alex: "Is the other team good?"

Quentin: "They are really hard to beat, thanks to their new coach and their new tactics."

SPANISH

Alex : "Hola Quentin, cómo estás hoy, te ves muy animado".

Quentin : "No está nada mal, estoy muy emocionado por el juego, no puedo esperar para el puntapié inicial, ¿y tú?"

Alex : "En realidad, no sé nada de fútbol, solo conozco a Messi y Ronaldo, el único deporte de pelota que puedo jugar es el golf, y estoy tratando de obtener un hobby extra viniendo aquí hoy".

Quentin : "Es increíble, nunca lo hubiera adivinado, por cierto, ¿cómo estás en forma? Nunca te he visto en el gimnasio".

Alex : "Es fácil, en estos días, voy a la escuela con mi bicicleta en lugar de mi coche. También nado, corro y camino por la noche cuando hace buen tiempo".

Quentin : "Ya veo. Bueno, si alguien pregunta, Francia es el actual campeón mundial de fútbol, y este estadio se llama Allianz Arena.

Además, el partido se desarrolla entre dos equipos, Bayern Munich y Borussia Dortmund. Apoyamos al Bayern. Ellos son los rojos".

Alex : "¿El otro equipo es bueno?"

Quentin : "Son realmente difíciles de superar, gracias a su nuevo entrenador y sus nuevas tácticas".

Capítulo 17

ESPIRITUALIDAD

Palabras claves: Spirit, faith, religion, church.

La filosofía	The philosophy
Las iglesias	The churches
El espíritu santo	The Holy Spirit
Gallinero	Gods
¡Dios mío!	My God!
¿Hay vida después de la muerte?	Is there life after death?
Tienes una mente hermosa	You have a beautiful mind
Ella no tiene religión	She has no religion
Tuve fe	I had faith
Su alma está en el cielo	Her soul is in heaven
Eres un ángel	You are an angel
Gracias a Dios	Thank God
Nadie puede evitar la muerte	Nobody can avoid death
Tengo fe en ti	I have faith in you
¿Cual es tu religion?	What is your religion?
Él no es religioso	He is not religious
¿Dónde está el cielo?	Where is heaven?
Él va al infierno	He is going to hell
Es un objeto sagrado	It is a holy object
Es la ciudad de las iglesias	It is the city of churches

MODO HISTORIA

ENGLISH

"May his soul rest in perfect peace." said the preacher.

"You see my dear brothers, no matter how intelligent, strong, handsome or rich, the truth is that we will all face death when our time comes.

The dominant question then becomes 'Where do you think you will end up after death?' For those of us who belong to the Christian religion, we trust in the grace of our Lord and Savior, Jesus Christ.

We believe he will lead us to heaven when we die, as long as we embody his heavenly values, and keep the commandments of his father, our father, Jehovah. Others believe in reincarnation, or the idea that we return to this world in another body after death."

"My God, Lucas, let's respect the dead, stop playing with your phone and listen to the preacher!" said the elderly lady in a silent tone.

"Oh, Madame Valeria, I'm sure the deceased's ghost would not bother me if I checked some emails." Lucas replied, his eyes still stuck on the phone screen.

"You speak like a pagan." said Madame Valeria.

SPANISH

"Que su alma descanse en perfecta paz", dijo el predicador.

"Verán, mis queridos hermanos, no importa cuán inteligentes, fuertes, apuestos o ricos, la verdad es que todos enfrentaremos la muerte cuando llegue el momento.

La pregunta dominante entonces se convierte en '¿Dónde crees que terminarás después de la muerte?' Para aquellos de nosotros que pertenecemos a la religión cristiana, confiamos en la gracia de nuestro Señor y Salvador, Jesucristo.

Creemos que nos llevará al cielo cuando muramos, siempre que encarnemos sus valores celestiales, y guardemos los mandamientos de su padre, nuestro padre, Jehová. Otros creen en la reencarnación, o la idea de que volvemos a este mundo en otro cuerpo después de la muerte".

"¡Dios mío, Lucas, respetemos a los muertos, deje de jugar con su teléfono y escuche al predicador!", Dijo la anciana en un tono silencioso.

"Oh, Madame Valeria, estoy segura de que el fantasma del difunto no molestaría si revisara algunos correos electrónicos". Respondió Lucas, con los ojos todavía fijos en la pantalla del teléfono.

"Hablas como un pagano", dijo la señora Valeria.

Capítulo 18

VUELO

Palabras claves: Lovely, warm, model, like.

¿Cuál es tu nombre?	What's your name?
Me gustas	I like you
¿Eres modelo?	Are you a model?
¿Vienes aquí a menudo?	You come here often?
¿Quieres bailar conmigo?	Do you want to dance with me?
¿Vamos a tu lugar o al mío?	Are we going to your place or mine?
¡Hola! Príncipe Encantador	Hello! Prince Charming
¿Quieres salir conmigo?	Do you want to go out with me?
¿Puedo invitarte una copa?	Can I buy you a drink?
¿Te gustaría ir a tomar algo?	Would you like to go get a drink?
Hola hermoso	Hello beautiful
¿Hace calor aquí o solo eres tú?	Is it hot in here, or is that just you?

TIEMPO DE ENTRENAMIENTO

MODO HISTORIA

ENGLISH

Niko: "I like the way this dress looks on you, are you a model?"

Lisa: "Unfortunately, no, but I can be a model if you prefer."

Niko: "I think I already like you."

Lisa: "Thanks, I think I like you too."

Niko: "That's great, can I buy you a drink then?"

Lisa: "Of course, go for it."

＊ Two glasses of tequila are ordered ＊

Niko: "So what's your name?"

Lisa: "Lisa."

Niko: "Nice to meet you Elizabeth, do you come here often?"

Lisa: "Not really, and its really Melissa or Melissande in full, but I'm fine, I guess."

Niko: "Forgive my mistake ... Maybe I was just confused by your beautiful smile, do you want to dance with me Lisa?"

Lisa: "I would, but I'm not really a great dancer, and hip hop is not really my kind of music, I like electronic music."

SPANISH

Niko : "Me gusta cómo te pones este vestido, ¿eres modelo?"

Lisa : "Desafortunadamente, no, pero puedo ser un modelo si lo prefieres".

Niko : "Creo que ya me gustas".

Lisa : "Gracias, creo que también me gustas".

Niko : "Eso es genial, ¿así que te puedo comprar una bebida?"

Lisa : "Por supuesto, ve por ello".

* Se ordenan dos vasos de tequila *

Niko : "¿Cuál es tu nombre?"

Lisa : "Lisa".

Niko : "Encantada de conocerte Elizabeth, ¿vienes aquí a menudo?"

Lisa : "En realidad no, y en realidad es Melissa o Melissande en su totalidad, pero estoy bien, supongo".

Niko : "Perdona mi error ... Creo que estaba confundido por tu hermosa sonrisa. ¿Quieres bailar conmigo, Lisa?"

Lisa : "Lo haría, pero no soy realmente una gran bailarina, y el hip hop no es realmente mi tipo de música. Me gusta la música electrónica".

Capítulo 19

IDIOMAS

Palabras claves: Eggs, always, saves, things, should, they, two, go, no, rescue, each, is, have, in, be born, need.

Nada dura para siempre	Nothing lasts forever
Lo que fácil viene, fácil se va	Easy come, easy go
Ni siquiera me lastimó	Did not even hurt me
Fuera de la vista, fuera de la mente	Out of sight, out of mind
La hierba siempre es más verde en el otro lado	The grass is always greener on the other side
Ella va a ganar con los dedos en la nariz	She is going to win with her fingers in her nose
Este niño no sabe cómo sostener su lengua	This child does not know how to hold his tongue
No demasiado vino, solo una gota por favor	Not too much wine, only a drop please
De nuevo prendido, de nuevo apagado	On again, Off again
Corre por tu vida	Run for your life
Cuando fueres haz lo que vieres	When in Rome, do as the Romans do
Todo lo bueno acaba	All good things come to an end

El pájaro temprano atrapa al gusano	The early bird catches the worm
Cada poquito ayuda	Every little bit helps
Los mendigos no pueden elegir	Beggars cant be choosers
La prisa es un desperdicio	Haste makes waste
Hay algunas cosas buenas para comer, si te apetece	There are some nice things to eat, if you feel like it
Solo se vive una vez	You only live once
Ayuda	Help
Las paredes tienen orejas	The walls have ears
A cada uno lo suyo	To each his own
Sobre mi cadaver	Over my dead body
No separemos los pelos	Let us not split hairs
Ese auto cuesta un brazo y una pierna	That car costs an arm and a leg
Los perros no tienen gatos	Dogs do not have cats
No puedes comer tu pastel y tenerlo también	You can't eat your cake and have it too

TIEMPO DE ENTRENAMIENTO

MODO HISTORIA

ENGLISH

Pietr: "Hi."

Mina: "Hi, how's your day?"

Pietr: "Pretty good. What are you reading?"

Mina: "This is a list of my top ten favorite idioms, in no particular order."

1. "Nobody tells a blind man that it's raining."

2. "When the cat is out, the mice will play."

3. "Make hay while the sun is shining."

4. "Those who need babies, will not go to sleep with socks."

5. "Stupid flies are buried with the corpse."

6. "At the beginning of the bed, early to go up."

7. "When in France, do as the French do."

8. "We only live once."

9. "Hope is eternal."

10. "All good things come to an end."

SPANISH

Pietr : "Hola".

Mina : "Hola, ¿cómo está tu día?"

Pietr : "Muy bien, ¿qué estás leyendo?"

Mina : "Esta es una lista de mis diez idiomas favoritos, sin ningún orden en particular".

1. "Nadie le dice a un ciego que está lloviendo".

2. "Cuando el gato está fuera, los ratones jugarán".

3. "Hacer heno mientras el sol está brillando".

4. "Aquellos que necesitan bebés, no se van a dormir con los pantalones".

5. "Las moscas estúpidas se entierran con el cadáver".

6. "Temprano a la cama, temprano para despertar".

7. "Cuando estés en España, haz lo que hacen los españoles".

8. "Solo vivimos una vez".

9. "La esperanza es eterna".

10. "Todas las cosas buenas llegan a su fin".

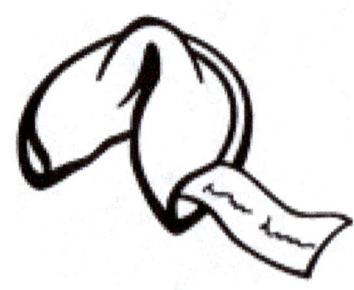

FIN DEL LIBRO DOS

Para la experiencia completa, por favor obtenga los otros libros de la serie.

#LAMANERASIMPLEDEAPRENDERINGLÉS

Para actualizaciones sobre el próximo libro, o si simplemente desea hablar sobre este, estamos disponibles en twitter como @ BadCreativ3, y en Facebook www.facebook.com/BadCreativ3

OTROS LIBROS BADCREATIVE

The Simple Way To Learn French

The Simple Way To Learn Spanish

La Manière Simple Apprendre L'Anglais

La Manera Simple De Aprender Inglés

The Simple Way To Learn Portoguese

Thank you for reading, and we hope you would be kind enough to give us a review on our amazon page.

www.ingramcontent.com/pod-product-compliance
Lightning Source LLC
Chambersburg PA
CBHW072037110526
44592CB00012B/1455